企業倫理リスクのマネジメント

ソフト·コントロールによる倫理力と持続力の向上

Ueda Kazuo
上田和勇［著］

Management of Business Ethics Risk

同文舘出版

はしがき

自給自足の生活をする場合は別として、我々は企業が開発、生産する商品やサービスを入手しないかぎり、生活していくことができない。その商品やサービスを提供する企業の数は、二〇一二年、日本で約三八六万社ある。従業員の数となるとおおよそ四、三〇〇万人ぐらいといわれている。

日本の国民の約三人に一人は何らかの企業に所属し、そこで働き生計を得ていることになる。会社の経営が順調で、仕事も面白く、報酬も許容範囲内であれば大きな問題はなく、幸せな日々が続くかもしれない。

しかし、昨今の企業不正に関する詳細なデータの入手は困難であるとしても、たとえば二〇一三年度に「不適切な会計・経理」を開示した企業数は三八社で、二〇〇七年度の調査開始以来、最多という調査結果もある[1]。

不適切会計上場企業　年度推移

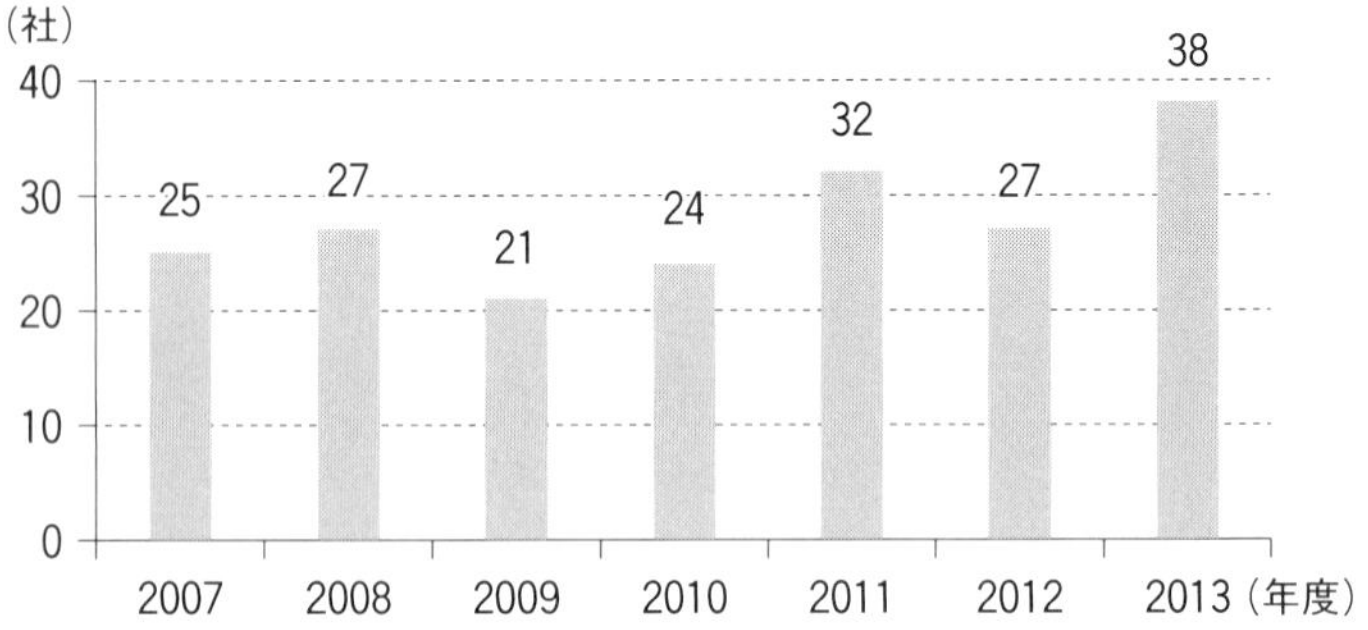

（出典）東京商工リサーチの調査結果より抜粋。

同調査では、「二〇一三年度は、着服横領を主目的とした不適切会計は激減した反面、営業ノルマ達成に追われて架空請求などの不正行為による不適切会計が目立った。行き過ぎた成績至上主義が動機となった例も多く見受けられた」、「前年度から増加が目立ったのは、不適切会計の温床が会社や役員などの経営幹部にまで及んでいることであった。代表者や取締役自らが、架空売上や原価操作などの不正による粉飾決算に手を染めるケースが増加した。また、従業員が見せかけの販売成績を上げるために架空請求や原価付け替えなどにより、過年度決算の訂正を行ったケースもあった」という指摘もある。

上記は会計面における不正のみのデータであるが、その他の面での企業、組織の不正や不祥事を入れると、非常に多くの企業、組織が何らかの不祥事を起こしていることは、毎日のマスコミによる報道からも容易に想像できる。

本書では、こうした企業の不正、不祥事だけでなく、企業の信頼を損なう行動がもたらす損失を、倫理リスクと捉えている。こうした企業の倫理リスクに対しては、金融商品取引法、会社法、商法、独占禁止法、景品表示法など多くの法律があるが、法でこうした倫理リスクに対応しても予防的効果は低く、それは発生後の当事者への法による罰であり、事後的な対応である。仮に法による制裁を逃れられた場合でも、倫理リスクは繰り返され、そのことによる損失は多くの関係者に及ぶ。

また企業で不正に対する規制、マニュアル、チェックリストを作成し、その順守をコンプライアンスとして押し付けても、倫理リスクが生じる動機、社員の職場環境、企業体質、企業文化などについて、メスを入れないままでは倫理リスクは繰り返される。

倫理リスクを起こさせない、そして同時に、そこで働く社員も経営者、上司、仲間と一体となり、企業理念や企業目標に向かいベクトルを合わせて進んでいき、全員がその成果を分かち合え、働く喜びが感じられるようにするための施策や経営者哲学はどうあるべきかを考える必要がある。

そもそも、会社とは幸せを作り分かち合う組織なのに、その会社が体質的に、あるいは経営者が倫理観を欠いていて、倫理リスクを生じさせる可能性がある場合、社員は過度のプレッシャーの中で倫理リスクを犯してしまうことになる。企業経営者の適格性などにつき、十分なトレーニングを積む必要があり、好ましくない企業文化、企業体質は変えなければならない。

個人的で身勝手な理由により、倫理リスクを犯すのは情状酌量の余地はなく、厳しく罰せられなければならないが、善人で何の悪意もない社員でも、様々な過度のプレッシャーの影響下に置かれれば、倫理リスクを犯す可能性がある。人はもろいもので、一定の倫理リスクを犯す条件が揃うと、何人もの人が倫理リスクを犯してしまう可能性がある。そうならないためにも、また、本来の幸せを生む組織体としての企業になるためにも、企業成長を図る施策を練るとともに、倫理リスクによる損失の最小化を図る必要がある。

筆者は、主に先に述べた理由で、これから企業社会に入っていく大学生に、企業倫理を学ぶことの重要性を説くとともに、倫理リスクを起こさせない、そして同時に、そこで働く彼（女）らも経営者、上司、仲間と一体となり、企業理念や企業目標に向かいベクトルを合わせて進んでいき、全員がその成果を分かち合え、働く喜びが感じられるようにするための施策や経営者哲学はどうあるべきかについて、これまで講義をしてきた。

企業は、その商品やサービスの提供を通じ、世界の社会問題の解決を図っていくところに大きな使命があり、それが達成される時に言葉では言いあらわすことができない大きな幸せがある。その幸せを分かち合うには、企業に倫理力と復元力、持続力が必要である。本書は、そのための経営哲学と方策を検討している。

現在、働いている多くの実務家にも、倫理リスクのマネジメント問題に対しては、法やマニュアル、チェックリストなどのハード・コントロールではなく、むしろ企業理念、ビジョンをベースとし、経営者と社員との価値観の共有をベースとする多様なソフト・コントロール施策がより効果的であり、企業の競争力の鍵を握っている点を、本書を通じてご理解いただければ幸いである。

本書は主に次の諸点を念頭に置いて、企業の効果的な倫理リスクマネジメントの在り方と方法を検討している。

一、「企業は適切な方法で商品・サービスを社会に提供し、適切な収益を上げながら、社会問題の解決に貢献し続けなければならない」という、基本的コンセプトを最重視している。この点および倫理リスクは企業行動が法的に違法ではなくても、社会的規範から外れている場合は社会的非難の的になり、倫理リスクを生じさせる点、などを第1章で検討している。

二、ビジネスあるいは商業における倫理の問題は古くて新しい問題である。たとえば、我が国の江戸、明治、昭和の各時代で商業における倫理観について考え、行動し、普及させた人に、江戸期初め（一七世紀初め）の角倉素庵《すみのくら・そあん》、江戸中期（一七世紀後半から一八世紀初め）の石田梅岩、明治の渋沢栄一、そして昭和の松下幸之助、現代の稲盛和夫をあげることができる。こうした先人達の経営哲学や企業の倫理リスクとの関連などについて、第1章で検討している。

三、企業の利害関係者の中で、最も重要な無形資産は社員であり、社員のモチベーション、モラル（moral、倫理観）が企業成長の源である。なぜならば、こうした要因がgood businessやイノベーション・アイディアの源泉になるからである。倫理リスクは、コンプライアンス強化（ハード・コントロール）という単純な規制や法的対応をメインとする施策では効果は期待できない。倫理リスクの効果的なマネジメントには、上記のソフトな側面に焦点を絞った対応が必要であり、第2章ではそれをソフト・コントロールによる倫理リスクマネジメントとして検討している。

四、ソフト・コントロールによる倫理リスクマネジメントでは、倫理リスクの発生原因を、その動機・プレッシャー、正当化、機会というトライアングル理論をベースにして、事例による検討を特に第3章で行っている。また、企業リスクの中で、倫理リスクは多様な他のリスクからの影響を受けて生じるとともに、それが他のリスク発生（たとえば戦略リスク、オペレーショナル・リスクなど）の引き金となるものであり、このマネジメントの巧拙が企業浮沈の鍵である点も第3章で指摘している。

五、ソフト・コントロールによる倫理リスクマネジメントに関わる諸理論（ブレイクアウト原則、フロー理論、幸福のマネジメント論）を検討すると、そこに倫理リスク発生の最小化のみならず、企業成長のカギ、ヒントが隠れている。第4章ではその検討を事例分析とともに行っている。

六、企業は倫理リスクのみならず、日々多様なリスクにさらされており、これらのリスクを適切にマネジメントできなければ存続はできない。現代企業の経営の失敗の可能性は極めて高く、困難な状況から脱するための復元力と競争力をベースにした持続力が極めて重要である。

倫理リスクのマネジメント策を追求していくと、その背景には、企業ビジョンやリスク直視力、そして柔軟な思考が存在していることが分かり、実はこれら三要素は企業が逆境から這い上がるときにも重要な要素であることが分かる。倫理リスクのマネジメントが企業の復元力や持続力と関係している点およびそのための施策を、それぞれ第5章と第6章で検討している。

本書刊行にあたっては、『事例で学ぶリスクマネジメント入門』に引き続いて、同文舘出版の市川良之氏にお世話になった。ここに心より感謝の意を表する次第である。

二〇一四年六月

上田　和勇

注

（1）東京商工リサーチ［二〇一三］同社ホームページ参照。

◉ 目　次

第3章 なぜ倫理リスクは生じるのか

第6章　倫理力、持続力、復元力を上げるソフト・リスクマネジメント策　143

企業倫理リスクのマネジメント

第1章　企業の倫理リスクとマネジメントとは

「企業の倫理リスクとそのマネジメント」という言葉には、少なくとも二つのキーワードがある。その二つとは、「企業」、「倫理リスク」であり、最初にこれらについて理解する必要がある。

1　企業とは

「企業とは何か、会社とは何か」を検討しておくことは、倫理リスクのマネジメントを考える際に重要である。というのは、企業において度々、倫理リスクを発生させるのはいうまでもなく経営者であり、社員であるが、企業トップや社員が、「会社とは何か、会社の目標や理念は何かを相互に理解し、それを共有していれば」、また、「特に企業トップは、どうすれば社員は幸せに働くことができるのかを常日頃、思考していれば」、倫理リスクの発生頻度を落とすことができると考えるからである。

そこで、ここではドラッカー（Drucker, P. F.）の「企業とは何か」についての見解を参考にすることから、倫理リスクのマネジメント問題を検討してみよう。

ドラッカーは、「会社とは、本業を通じ人々を幸せにする組織体」であり、その存在の正当性は下記の四つの原則が守られる場合であるという趣旨のことを述べている（『日本経済新聞』二〇〇七年七月一七日）。

このドラッカーの見解を筆者流に考え直すと、次のようになる。

本業とは企業が生み出す商品・サービスの提供をいい、人々とは、その企業の商品・サービスの提供に関わる利害関係者のすべての人、たとえば本業に携わる社員、流通関係者、購買者、地域住民、株主などをいう。これらの人々で構成されているのが社会であるから、人々とは言い換えれば社会を意味する。そこでドラッカーの「会社」（企業）の定義は次のように表現し直すことができる。

「企業とは、本業（商品・サービスの提供）を通じ、関係する人々を（社会を）幸せにする組織体である」。

ここでの重要なコンセプトは、本業を通じ社会を幸せにするということである。

近年では、企業は本業以外の多様な領域に手をだし、企業成果や企業評判を上げようとすることが、前にもまして増加している。本業と関係性の薄いＣＳＲ活動もその一環である。

しかし、そうしたことで、本業に関わる業務、たとえば商品の品質、流通、適正な価格などへの努力がおろそかになっているのでは本末転倒である。商品の品質、流通、適正な価格などへの努力がおろそかになると、たとえばそのことが品質の低下、流通コストの増加、価格の引き上げなどにつながるとともに、さらに競争上のプレッシャーなどが企業に働くと、品質管理の手抜き、偽装表示、価格の談合などの問題あるいは不正が生じる可能性を高める。「本業に真剣に取り組むことが重要」というドラッカーの指摘は、筆者には、こうした倫理リスクを生じさせないためにも、そして社会構成員皆が幸せになるためにも重要だと言っているように聞こえてならない。

さらにドラッカーは、こうした会社の正当性を維持するために、次の四つの原則を主張している。

第一の原則は、「会社の影響は大きい、したがって悪影響は最小限に抑えなければならない」ということである。会社が作り出す商品やサービスを極めて多くの人が使用し、またそうした会社に多くの人が投資をする。その会社が間違った企業行動、あるいは不正、不正とは言えないかもしれないが不誠実な企業行動を起こすと、何十万人、何百万人の人々が不幸せになる。

第二の原則は、「悪影響を予測し、その予防措置をとることが重要であり、無策でいれば大きな打撃と規制を受ける」という点である。悪影響を予測し、その予防措置をとることとは、企業のリスクマネジメントの最も重要な部分であるが、好ましくないリスクを予測・評価し、好ましくないリスクの制御、最小化をしなければならないという、まさしくリスクマネジメント（以下、ＲＭ）のコアの部分のことを述べている。

第三の原則は、悪影響の防止策を含め、社会のニーズを成長機会と捉えることが重要というものである。筆者は、ドラッカーのこうした見解を、企業は社会を幸せにする組織体なのだから、社会で問題となっている課題を発見・評価し、それを解決する商品やサービスを作り出すことに存在意義があるというように解釈している。実はこうした面でのＲＭは、「社会での様々な問題を解決することを目的としているソーシャル・リスクマネジメント」の考え方と軌を一にしている。

第四の原則は、会社のトップつまり、「リーダーは事業に責任を持つとともに、社会の人々の生活の質にも責任を負う」という点である。「責任」という言葉が繰り返されている。企業の倫理リスクの発生状況を見ていると、概ね企業トップが関わるケースが多いが、ドラッカーは企業トップに事業への責任とともに、広く利害関係者ひいては社会にも責任を持つことをいっている。

以上が、ドラッカーの会社の正当性あるいは存在意義に関する主張であり、こうした原則が企業において守られるべき指針、理念、ビジョンとして共有されていれば、多分に多くの倫理リスクの発生頻度や影響は減じるはずである。

2　企業経営に関わる倫理リスクとは何か

倫理リスク（Ethics risk）という言葉よりも、通常知られている言葉は企業倫理あるいは経営倫理（Business Ethics）である。したがって、倫理リスクとは本書との関連では、正確には、企業倫理あるいは経営倫理に関する不確実性ということになる。本書では経営倫理の定義について管見し、次に企業経営に関わる倫理リスクについて定義付けを行う。

倫理とは、ペイン（Paine, L. S.）によれば、「他人に対してどう振る舞うべきかについての基準」をいう[1]。語源的には、ハルトマン（Hartman, L. P.）ら［二〇〇八］によると、倫理とはギリシア語のethosからきており、「人が文化内でどう生き、行動するかを決める価値、規範、期待などをいう。人はどういう方法でまともに生きるべきかを考えること[2]」といわれている。

したがって、①経営倫理とは「企業が利害関係者に対してどう振る舞うべきかの基準」と考えてよい。

②吉森は経営倫理とは表現せず、企業倫理について「会社の意思決定と経営行動が社会的に望ましく、正しいとされ、かつ普遍的な妥当性を有するか否かを判断する基準」と定義付

けているが、[3]この定義も①に類似の定義である。

③麗澤大学のECS二〇〇〇（Ethics Compliance Standard）では、企業倫理とは「実践という視点に限定すれば、公正かつ責任ある行動をとるための組織内活動を指す。その意味するところは、法令やルールの遵守よりも広く、社会規範の尊重などを含む」としている。[4]

この定義の中で、社会規範について言及し、筆者やペインの考え方を含めて再定義をすれば、④経営倫理とは「企業が公正かつ責任ある行動をとるための組織内活動の基準を指し、それは、法令やルールの遵守よりも広く、社会規範の尊重などを含む。たとえば、嘘を言わない、約束を守る、環境に責任を持つ、公正な監督や社員への対応などの責任ある行動を含む[5]」と考えられる。

これまでの定義を整理し、その意味するところを示すと、倫理リスクは、企業の利害関係者への対応において、法律に反する行動により生じることはもとより、公正、誠実、責任の面において、問題のある企業行動も倫理リスクを生じさせるという点である。言い換えれば、企業行動が適法であっても、その対応が利害関係者にとり不誠実で責任ある行動とはいえない場合も、倫理リスクが生じるといえる。

現代の消費者の企業への期待事項は多岐にわたり、これら利害関係者の期待に反する企業対応も倫理リスクを生じさせ、厳しい企業評価が下される。倫理リスクの発生可能性を考えると、法令に抵触するか否かから、法にたとえ抵触しなくても、企業が取った行動が誠実か、公正か、責任ある行動かなどの側面から評価される点が重要な点である。このことは次のソニーとアサヒビールの商品の回収行動の事例からも明らかであろう。

〈事例：ソニーとアサヒビールの商品の回収行動から倫理リスクを考える〉

①　ソニーの対応[6]

ソニーのノートパソコンＶＡＩＯの一部機種で、異常に発熱する事故が二〇〇七年に世界で二〇九件、国内で八三件起きた。軽いやけどを負った人が、世界で七人、国内で五人である。顧客からの指摘は二〇〇七年八月であり、同社は問題を把握しながら、公表までに一年以上かかっている。結局、同社は世界で四四万台、国内で六万七、〇〇〇台を自主回収し、無償回収する。問題は事実の公表および経済産業省への報告に一年以上かかっている点であり、同社の企業モラルが問われる。

二〇〇七年七月から施行されている「改正消費生活用製品安全法」では、死亡や火災などの重大事故があった場合、メーカーに国への報告を義務付けているが、重大事故でない場合は企業の判断に委ねられている。重大事故でない限り、法的には報告義務はないが、こうした公表の遅れは誠実な企業対応とは言えず、同社に倫理リスクを生じさせたといえる。

ソニーは二〇〇六年にもノート型パソコンに搭載したリチウムイオン電池で、製造過程の不具合による発火事故を生じさせている。その結果、他社製パソコンに搭載した電池も含め約九六〇万個の回収を行い、三五五億円の損失が生じているが、この時も、最初に発火事故が分かったのが、二〇〇五年一二月であるにもかかわらず、同社の発表は二〇〇六年一二月と遅れている。二〇〇六年の問題の結果、ソニーの株価は、ニューヨーク証券取引所で五月は五三ドルだったが、一二月二九日現在、四〇・三六ドルに落ち込んでいる。

製造物に関するリスクおよびそのことを開示しないリスクが、繰り返し生じている。この管理には製造物賠償責任リスクの問題のみならず、企業の体質変化による企業対応の変化を促すしかないと思える。こうした状況から、倫理リスクをコントロールするには、単に企業にコンプライアンスに関する規制やルールを強化するのではなく、より有効なのは企業の使命や理念を考えさせるとともに、好ましくない企業体質などを変革しようとする考え方が出てくる。このアプローチが、実はここで検討するソフト・コントロールである。

② アサヒビールの対応[7]

アサヒビールは大阪三笠フーズによる汚染米の不正転売問題の影響で、それを使用していた自社焼酎の一部（約六五万本）を回収し、該当商品の販売を中止した。アサヒビールは「当社の検査では原酒から残留農薬は検出されていない」としているが、消費者に不安を与えないよう回収に踏み切る意思決定を行っている。この自主回収に伴う損失額は、当時、約一五億円に達する見通しといわれていた。

同社の対応は迅速であり、約一五億円の損失を計上してでも、該当商品の早期回収を図るところに誠実な企業行動が見受けられる。同社は中間業者におけるサプライチェーン・リスクを生じさせたが、倫理リスクは回避させた[8]。

上記二社の事例からいえることとは、部品や設計に関するリスク、製造物に関するリスク、サプライチェーン・リスクの問題とともに、それらに付随して起きる倫理リスクが企業価値の減損を将来にわたり生じさせたという点である。二社の企業対応のどちらが利害関係者からの高い評価を受けるかは明らかである。企業の倫理力が企業価値に相当の影響を与えることが分かり、倫理リスクのマネジメントの意義は非常に大きい。

本書は、法的に責任が問われる、問われないにかかわらず、企業行動に関し、誠実さの面や社会的義務を果たしていない（社会の期待に応えていない）リスク、つまり倫理リスクを検討の中心に置くとともに、その効果的なマネジメントの考え方と施策を検討する点に力点をおいている。

効果的なマネジメントとは、倫理リスクを最小化しつつ、社員のモチベーション向上、イノベーション創造、評判の改善などに結びつくマネジメントをいう。企業が倫理リスクを犯し、社会に悪影響を与える問題は、企業の社会的責任問題と近いものがあるが、本書はすべての企業行動の根源に関わるリスクとしての倫理リスクのマネジメントを中心に検討する。

3　ビジネスにおける倫理観の問題は古くて新しいテーマ

ビジネスあるいは商業における倫理の問題は、古くて新しい問題である。たとえば、我が国の江戸、明治、昭和の各時代で商業における倫理観について考え、努力し、普及させた人に、江戸期初め（一七世紀初め）の角倉素庵、江戸中期（一七世紀後半から一八世紀初め）の石田梅岩、明治の渋沢栄一、そして昭和の松下幸之助、現代の稲盛和夫をあげることができる。

五人の考え方や企業の倫理リスクとの関連などについて、まとめたものが図表1―1（二六―二七頁参照）である。

〈角倉素庵《すみのくら・そあん》〉

江戸期初め、貿易商人であり、また儒学に深い造詣があった角倉素庵は、父 角倉了以が開拓した安南（ベトナム）との朱印船貿易の仕事を任せられることになった。素庵は朱印船貿易で、乗員の規律を守るために角倉家の商売の精神、商人としての倫理観などを盛り込んだ「舟中規約」（しゅうちゅうきやく）を、一六〇三年につくり、乗組員や取引関係者と共有している。これを世界最古の国際倫理規約という人もいる。[9] 以下に、その要点を示してみよう。

①「取引の基本は、他人と自分を利することで、他人の利益を犠牲にして自分が利益を得ることではない。[10]〈中間省略、筆者〉利益という言葉の真の意味は、喜びの寄合のことで、皆が喜びあうことに意義がある」[11]。船乗りたちが舟中で守るべき規約において、商業、事業そして経営の原点から取引とは何か、商売とは何かを説き起こしている。[12]

②「相手が風俗習慣の異なる外国人であっても、人間の本性は同じなのだから、相手をののしったり、騙したりしてはいけない」と人間平等論を展開している。[13] また「異国の人であっても、仁徳のある方に接する機会があれば、その方を先生として敬い、その国でやってはいけないことを教えてもらい、その国の風俗、習慣、文化を学びなさい」ともいい、今日のグローバル化の中で求められている視点を、約四〇〇年以上前に指摘している。[14]

③「天地の下、同じ人間として、遭難したり、病に倒れたり、寒さや飢えに苦しんでいる人を救うのが、人間の道である。自分だけ逃げようとしてはいけない」[15]。この思想も

自分の利益のみを考えるのではなく、共存共栄の思想の上に立ち、信頼に基づき交易を重ねることを志向しているものといえる。

〈石田梅岩〉

石田梅岩は江戸中期、一一歳にして丁稚奉公に出て以降、儒学、仏教を学び、四五歳で京都に塾を開くことになる。この時期、江戸幕府が開かれて一三〇年以上たっており、商業社会ができつつあった。商人の介在により、物資の交換を通じて、商人の持つ社会的役割も徐々に浸透し始めていたが、士農工商の身分制度は厳然と存在していた。

こうした時代思潮のなか、商人には一番身分の低い商人蔑視の傾向に対する不平・不満があり、それだけ新しい規律や価値観を求める気持ちが商人には強かった。梅岩は自分の経験に基づいて、京都の塾で、商人の道とは何かなどについて塾生に説き始めた。そして、五五歳の時にそれを『都鄙問答《とひもんどう》』(16)という書にまとめている。(17)梅岩が主張した点の要点は以下のものである。

① お客様満足：富の主は天下の人々、つまり世間の人々、今でいえば社会であり、まずは顧客が考えられる。梅岩は「売る商品、サービスには念を入れ、うっかりした過ちで相手に迷惑をかけることのないように注意して売り渡すならば、買うお客様もはじめは

お金がもったいないと思うだろうが、その商品の良さを認めれば、そのお金を惜しむ気持ちも消えるに違いない」といい[18]、富の主は顧客であるといっている。

② 利益の正当性：金儲けを蔑視した武士階級の中で、梅岩は、売ることで利益を得るのは商人の道であるといい、この商人の利も天下からお許しを得た禄《ろく》であるという。この世のすべての民の生活は、細工物を作る工業、農産物を作る農業、そしてそれを流通させる商業などの産業なしには成り立たない。こうした利は武士の禄にあたり、商人の売買の利だけを取り上げて、欲心があるから道ではないといっているのは、まことにけしからぬといっている。当時の商人の利益の正当性を、梅岩は商人に代わって論破している[19]。

③ 共生の理念：梅岩の言葉では「実の商人は先も立ち、我も立つ」といい、「お客さまのために市場で商品の性能を競い、価格を争うのは経済人として当然だが、仕入れ先、得意先の立場を考えながら、いやむしろ仕入れ先、得意先と一緒に繁盛することが大切だ」ということを述べている[20]。こうした事項は、現代では、利害関係者たとえばサプライチェーンや地域との共生という視点からいわれるが、すでに二八〇年以上前に、梅岩により指摘されている[21]。

〈渋沢栄一〉

渋沢栄一は、江戸末期に生まれ、明治・大正期の経済界を指導し、特にビジネスの領域で多くの貢献をした。財閥という背景を持たなかった渋沢ではあるが、極めて多くの数の民間企業の設立運営に携わった。渋沢は次の三つの理念を掲げて、この時期の経済界を指導している(22)。

① 企業の社会的責任：道義にかなった経営

② 株式会社制度による（合本主義）商工業の振興

③ 民主主義：官尊民卑を打破し、商工農に従事する人々の地位の向上

①の道義にかなった経営について、日本の資本主義の父といわれる渋沢栄一は、すでに一九一六年の『論語と算盤』において、道徳経済合一主義（同義に合致した企業経営をすること）(23)を唱え、「経済と道徳のバランスをとって資本主義の暴走を防がなければ、真の意味で社会を豊かにすることはできない」と主張している。

こうした見解に対しドラッカーは、一九七四年刊行の『マネジメント』のなかで、「経営の『社会的責任』について論じた歴史的人物の中で、かの明治を築いた偉大な人物の一人である渋沢栄一の右に出るものを知らない」(24)と述べている。この点のドラッカーの指摘を次にやや詳細に見てみよう。

ドラッカーはその著である『マネジメントⅡ　務め、責任、実践』（日経BP社、有賀裕子訳、二〇〇八年、三五七―三五八頁）において、企業の社会的責任問題について、次のように述べている。

「企業の社会的責任は一世紀にわたって論じられてきた。〈一部省略、筆者〉従来のアプローチはおおむね、企業の社会的責任を謳いながらも、実際には経営者の社会的責任を扱っていた。そこにおいては、経営者は仕事を離れた場面で何に貢献すべきか、あるいは貢献するだろうか、という点が何より重視された。〈一部省略、筆者〉第二次大戦後には、大企業に対して、意義ある活動を後押しするようにという期待が高まった。企業本来の活動よりも、事業とは関係の薄い活動や取り組みに力点が置かれていた点は、従来と変わっていない。

だが、もっと早い時期に別の視点からこのテーマを論じた人々もいる。明治時代の初期から中期にかけて、つまり一九〇〇年以前に活躍した渋沢栄一、あるいは第一次世界大戦前のドイツで活躍したヴァルター・ラーテナウらは、企業と社会、とりわけ大企業と社会との関係について、幅広い論説を展開した。ただし、渋沢やラーテナウですら、主に心を砕いたのは、企業の活動にいかに制約を加えるか、企業と経営者をいかに社会や地域の価値観に添わせるか、ということだった。

ところが近年では、社会的責任をめぐる議論は、従来とはまったく違うところに着眼している。「社会の問題に挑み、解決するうえで、企業は何をすべきか、何ができるか」に焦点を当てる傾向を強めているのだ。〈一部省略、筆者〉社会への影響や社会的責任については、大企業だけでなくすべての企業が、自分たちの役割をじっくり考え、目標を掲げ、成果をあげなくてはいけないという点こそが教訓である。社会への影響と社会的責任は、しっかりとマネジメントする必要がある。」

ここでの、企業の社会的責任に関するドラッカーの主張は、当初、社会的責任論は企業の本業にかかわらないところで、主に経営者の問題として扱われてきたが、渋沢は企業に制約を加えることや社会の価値観に企業経営者を合わせることを主張していた。しかし、近年では、企業が社会問題の解決に挑み解決する主体としての役割が望まれているというものである。

渋沢の見解・理念の中に、次のように述べている箇所があり、この見解は倫理リスクのマネジメントにおいて極めて重要であり、また本書の主張とも一致している見解である。「一身一家を治むることができずして、国家社会のために尽くさんとするのは、本末を転倒していると言わなければならぬ」といい、さらに国家、社会を治める方法には、徳治（徳により民を教化、孔子などの儒教の教え）と、法治（法により治め、背けば罰する方法）があると唱えていた[25]。

今からおよそ二五〇〇年前の中国古典の『論語』を規準とした渋沢は、『渋沢栄一の「論語講義」』［二〇一〇］の中で、孔子の論語について講義し、法治よりも徳治が重要であるという点を次のように述べている[26]。

「そもそも人々を統治しようとする人であればみな、人々に善いことをさせ、悪いことはさせないようにするものだ。この時、人々を善に導く手段や方法として、もっぱら法律制度や禁止命令ばかりに頼ったとしよう。すべての人々にこれをきっちり守らせて、改心させようとしたり、逆に違反者に制裁の刑罰を加えていけば、人々は逃げ出したい気持ちにかられて、刑罰から免れるために悪事を犯さないだけになってしまう。真心から不善を恥じる気持ちにはなれず、悪事に走る心を根絶するまでには至らないのだ。

これとは反対に、もし人の上に立つものが自分の道徳を磨いて、その力で人々を導くようにしたとしよう。すると人々は自然に感化されて、必ず善におもむくようになる。」

こうした渋沢の見解は経営者自身がまず自分を修め、しっかりとした経営哲学を持つことが重要であるということをいっており、明らかに徳治の立場に立つものである。この思考は本書全体において主張している、ソフト・コントロールの概念であり、法治はハード・コントロールであるといえる[27]。

コンプライアンスや企業の社会的責任（ＣＳＲ）といった概念に振り回される前に、こうした先人の思考を学びつつ、企業の倫理リスクをソフト・コントロールによりマネジメントする施策を考えなければならない。

〈松下幸之助〉

二〇世紀を代表する経営者であり、経営の神様ともいわれる松下幸之助は、二〇世紀前半から二〇世紀後半を中心に（一八九四年～一九八九年、一九一八年松下電器創業、一九七三年会長退任）創業企業家・経営者として活躍した。会社設立から一〇年がたった一九二八年頃、松下幸之助は会社の目的を次のように示し、同社の綱領としている。

「営利と社会正義の調和に念慮し、国家産業の発達を図り、社会生活の改善と向上を期す」[28]。

さらに、企業哲学として、以下の諸点を実行していく。「利益は企業が世の中に貢献した報酬である」（目的は社会貢献であり、利益はその社会貢献を追い求めた結果として自然に得られるものである）[29]、「商品の品質、性能においてどこよりも優れた商品を作る」、「お客様にどこよりも優れたサービスを提供する」、「どこにも負けないコスト力を持ち、お客様に喜

んでいただける価格で商品を提供する」。(30)

松下の経営理念である「営利と社会正義の調和」、「品質、性能、サービス、価格などの面での優位性」などは、渋沢の「道徳と経済の同一」、「石田梅岩のお客様満足」、「角倉素庵《すみのくら・そあん》の共生の思想」と相通じるものがある。

松下電器の経理担当役員であった平田は、一九八九年、松下が逝去する約一か月半前に「従業員は幸せに働いているか」という最後の言葉をいわれ、次のような意味のことを書き記している。

「従業員の幸せ、これこそが創業者が求めたものであり、従業員が幸せであるためには、利益が出ている必要があり、次にお客様はじめ周囲の人（利害関係者）から支持される会社でなければならない、そして何よりも経営者たちと従業員の心が通い合った会社でなければならない。企業価値の増大やコーポレート・ガバナンスも大切だ。ＣＳＲも大事だ。しかし、企業というものの実体を構成している従業員がやる気になっていなければ、株主やステーク・ホルダーをはじめ、企業をとりまくすべての人々に満足していただける成果は生まれない。ソフト・ウエアの要素が増した最近の企業価値では、特にその感が深い。」(31)

企業倫理リスクのマネジメントを検討するにあたっても、企業倫理リスクを犯すのは人であり、社員である点に注目しておく必要がある。幸せ感（幸福感）を醸成する企業の倫理リスクの発生頻度は低いだけでなく、そうでない企業に比べ高いパフォーマンスを上げている。言い換えれば、幸福感と企業倫理リスクの発生頻度との関係、幸福感と企業成果との関係について、それらに相関関係があるということであるが、この点の詳細については第4章で検討する。

〈稲盛和夫〉

一九三二年生まれの稲盛和夫は、一九五九年には京都セラミック（現：京セラ）を設立、電子・産業用総合部品メーカとして成功させ、さらにはその後、通信事業ＫＤＤＩも成功、近年ではＪＡＬの再建も成功させた。

京セラのホームページでは、社是・経営理念を明確にし、さらに経営哲学、そして独自の経営管理法であるアメーバ経営を次のように示している。

① 社是・経営理念

「全従業員の物心両面の幸福を追求すると同時に、人類、社会の進歩発展に貢献すること」

② 経営哲学

「世間一般の道徳に反しないように、道理に照らして、常に「人間として正しいことは何なのか」ということを基準に判断を行ってまいりました。人間として何が正しいかという判断基準は、人間が本来持つ良心にもとづいた、最も基本的な倫理観や道徳観です。「欲張るな」、「騙してはいけない」、「嘘を言うな」、「正直であれ」など、誰もが子どもの頃に両親や先生から教えられ、よく知っている、人間として当然守るべき、単純でプリミティブな教えです。日常の判断や行動においては、こうした教えにもとづき、自分にとって都合が良いかどうかではなく、「人間にとって普遍的に正しいことは何か」ということから、さまざまな判断をしてまいります」。

ここで、京セラの社是・経営理念である「全従業員の物心両面の幸福を追求すると同時に、人類、社会の進歩発展に貢献すること」が生まれた背景について、稲森の体験を基に検討してみよう(32)。

稲盛は一九五五年に鹿児島大学工学部を卒業し、京都のガラス会社である松風工業に入社した。しかし同社は倒産寸前の状況であり、何人かは去っていったが、稲森は心の持ち方を変え、三年間特殊磁気の研究に没頭した。一九五八年、稲森が特殊課の主任の時にセラミック真空管の開発に悪戦苦闘していると、外部から来た新任の部長から「君の能力では無理だな。ほかの者にやらせるから手を引け」といわれ、同社をやめることになる。

一九五九年、松風工業をやめた同士八人は新会社を設立すべく、苦労して集めた三〇〇万円の資本金を基に、京都セラミックをスタートさせた。松下がテレビ用の磁気製品を発注してくれたこともあったが、限られた機械と人員、不慣れな社員が多く苦労の連続であった。一年間、わき目もふらず努力し、徹夜に近い日が続いた。その結果、黒字決算となり、二年目も売上、利益とも倍増の勢いであった。

三年目の一九六一年、高卒社員一一人が「定期昇給ボーナスなどの将来の保証を約束してほしい、認められないならば会社を全員やめる」という要求書を、リーダー格の稲盛に突き出した。自宅での三日におよぶ交渉の末、若い社員たちは納得することになる。

この時の体験により、稲森は「創業の狙いは自分の技術を世に問うことであったが、若い社員はこんなささやかな会社に一生を託そうとしている。田舎の親兄弟の面倒もろくにみられないのに、採用した社員の面倒は一生みなくてはいけない。技術者としてのロマンを追うためだけに経営を進めれば、たとえ成功しても従業員を犠牲にして花を咲かせることになる。会社経営の最もベーシックな目的は、将来にわたって従業員やその家族の生活を守り、みんなの幸せを目指していくことでなければならない」と考えるようになった。

自分の理想実現を目指した会社から、全従業員の幸福を目指す会社、さらには社会の一員として果たすべき崇高な使命を追い求める会社へと生まれ変わり、現在の経営理念である「全従業員の物心両面の幸福を追求すると同時に、人類、社会の進歩発展に貢献すること」が確立された。

③　アメーバ経営

アメーバ経営について、同社のホームページでは次のような記述がある。

「京セラグループの企業哲学を実現していくために創り出された手法で、会社の組織をアメーバと呼ばれる小集団に分け、その集団を独立採算で運営する経営システムです。〝アメーバ経営〟のもたらす従業員の経営参加意識の高揚、モチベーションの向上が、京セラグループの強さの源泉となっています。また、〝アメーバ経営〟における小集団は、効率性が徹底的にチェックされるシステムであると同時に、責任が明確であり、細部にわたる透明性が確保されています。」

このアメーバ経営は簡単に言えば、売上高は最大にし、経費は最小にして、最大利益を出し、その利益を短い労働時間で割ると、一時間当たり最大の付加価値が出るという方程式で行う経営管理システムである。これを部門ごとに管理するので、どの部門が稼いでいるか、どの部門の効率が悪いかが見えてくる。

アメーバ経営の目的は、市場に直結した部門別採算性の確立、経営者意識を持つ人材の育成、全員参加経営の実現の三点であるが[33]、アメーバ同士、部門間での利害が対立し、自部門の利益を上げようとするあまり、他部門の立場や採算を悪くする弊害が起きがちである。言い換えれば部分最適行動が会社全体としての全体最適をこわし、会社全体のモラルと利益を損なわせるのである[34]。

こうしたアメーバ経営の持つ弊害をさけるために、稲森は経営哲学を備える必要があるという。個の利益と全体の利益を調和させようとする、より高次元の経営哲学が求められ、それが「人間として何が正しいのか」ということを判断基準とした経営哲学である。また経営理念としての「信じあえる仲間の幸福のために貢献できてこそ、自分たちの部門の存在価値があるのだ」という考え方が根付いており、こうした経営哲学をベースに部門間の利害対立を正しく解決することによって、個と全体の利益を同時に追求しようとするのがアメーバ経営である。

④　経営哲学と報酬制度

京セラは部門別の独立採算制により、時間当たりの付加価値をオープンにしているが、その成果を直接、報酬に反映させていない。仕事の実績は評価され、長期的には処遇に反映されていくが、時間当たりが良ければ、昇給・賞与の金額が増えるということはない[35]。

その代わり、アメーバが素晴らしい実績を上げれば、会社に大きく貢献してくれたという理由で、信じあう仲間たちから賞賛と感謝という精神的な栄誉が与えられる[36]。この報酬に対する考え方は、先にみた「信じあえる仲間の幸福のために貢献できてこそ、自分たちの部門の存在価値があるのだ」という経営哲学からきている。会社への貢献をみんなから賞賛されることが最高の栄誉であるという考えが実践されている。そして、会社の業績が大きく伸びた時には、みんなの努力に対して、公平に報いるように全従業員に臨時ボーナスを出している。

また稲盛は給与制度に関して、合理的な給与制度はいずれ行き詰る、報酬だけで人を動かそうとするのではなく、栄誉と称賛で従業員をモチベートする方法を取り入れるべきであるということも言っている。

報酬の在り方は、企業活動の成果をどういう考え方で社員に還元・配分するかという問題であるが、稲森は、それを全員経営、従業員のモチベーションの視点から考えている。この点に関して、稲森は次のように言っている。「強い会社は、技術だけでなく、総合力で優れている。技術力も優れ、販売力もすぐれ、従業員の心も優れ、人間関係も優れ、あらゆるものが優れていて初めて強い会社になる。一つの技術で伸びる会社は、いずれその技術とともに消えていくから、技術だけに偏重した考え方ではダメだ」[37]。

この考え方を、筆者は「強い会社は全員経営により可能であり、そのモチベーションを報酬だけで動かそうとするのではなく、参加者全員の幸福から考えるべきだ」と捉えている。

図表１－１　歴史に学ぶ倫理経営と倫理リスクマネジメント

人物名	時期	考え方、方法	倫理ＲＭとの関連
①　角倉素庵（貿易商、儒学者）	一五七一年～一六三二年（江戸早期）	▼朱印船貿易にみる「舟中規約」（一六〇三年頃）	▼儒学の影響 ▼共生の思想 ▼平等の思想
②　石田梅岩（思想家）	一六八五年～一七四四年（江戸中期時代）	▼勤勉と倹約（世の中のために無駄を省く）の両立 ▼塾での講釈、問答による教化（一七三八年『都鄙問答』）	▼商業倫理 ▼「お客様満足」「利益の正当性」「倹約と正直」 ▼経済と道徳の融合
③　渋沢栄一（実業家、日本の資本主義の父）	一八四〇年～一九三一年（江戸末期から昭和初期）	▼道徳経済合一主義（道義に合致した企業経営をすること） ▼『論語と算盤』（一九一六年） ▼商業教育、女子教育に努力	▼倫理と利益の両立

④ 松下幸之助（実業家）	一八九四年〜一九八九年（明治〜平成）	▼品質、性能、価格面での優位 ▼事業部制	▼成果を報酬に連動させない[39] ▼正直で勤勉な仕事精神（物を作る前に人を作る） ▼従業員の幸せ ▼利益は目的ではない（産業を通じた社会への貢献）
⑤ 稲盛和夫（京セラ、ＫＤＤＩ創業者）	一九三二年〜（平成〜）	▼従業員の物心両面の幸福追求、社会の進歩発展への貢献 ▼経営理念と情報の共有化 ▼アメーバ経営（部門別独立採算制[40]）による全員参加経営	▼ガラス張り経営 ▼一対一対応の原則、ダブルチェックの原則 ▼利他心、経営者としてのわがままを自戒し、私心を捨てる ▼人としての倫理と道徳に反していないかを常に考える ▼成果を報酬に連動させない（仲間からの賞賛と感謝）

⑤　一対一対応の原則、ダブルチェックの原則による倫理リスクのマネジメント

不正が起きる要因については、第2章で検討するが、ドナルド・R・クレッシー（Cressey, D.R.）は、横領の発生要因は脆弱な内部統制や不十分な監視システムが根本的な原因ではなく、当事者が雇用主の信頼に意図的に背くことにより不正行為が発生すると分析している。具体的には、次の三つの要因がすべてそろうと不正を発生させる要因であるという。[38]

a. 動機・プレッシャー（不正を行う心理的なきっかけで、他人に打ち明けられない問題）を抱え、b. 機会（この問題が自分の経済的に信頼されている立場を利用すれば、秘密裏に解決できること）を意識し、c. 正当化（その解決策を実行しても、信頼された人物としての自分のイメージを損なわないですむような理由付け）を考えつく時に発生すると考え、この「動機・プレッシャー」、「機会」、「正当化」を不正のトライアングルと定義している。[41]

京セラの一対一対応の原則とは、モノやお金の動きを一対一対応で把握し、ガラス張りで管理することをいう。[42] この原則は、時間当たり採算という経営数字を正しくとらえるために必要な原則であり、かつ不正や間違いを未然に防ぐ施策である。

ダブルチェックの原則とは、稲森哲学の根底にある「人の心をベースにして経営する」から来ている。つまり、過度のプレッシャーから、たとえば数字を操作するなどの人間の持つ弱さから過ちを犯すことがあり、稲森はこうしたことから従業員を守るために、常に複数の

人間が数字をダブルチェックして不正や誤りを防ぐ管理システムを考えている。具体的には、資材品の受取、製品の入出荷、売掛金の回収、支払伝票の発行、金庫の管理、会社員の取り扱いなどの業務プロセスにおける複数の人間や部署によるチェックである。

稲盛は、こうした原則は、従業員を懲らしめるためではなく、過度のプレッシャー下における人の心の弱さを理解したうえで、従業員を守るために導入している。まさに企業ビジョンである物心両面での幸福追求の阻害要因となる倫理リスクのマネジメントである。

注

（1）Paine［1997］訳書［一九九九］二頁。
（2）Hartman and Desjardins［2008］p.473.
（3）吉森［二〇〇七］一〇頁。
（4）高・ドナルドソン［二〇〇三］四三一頁。
（5）Paine［1997］訳書［一九九九］八一頁、八四頁。
（6）『日本経済新聞』二〇〇八年九月五日、『読売新聞』二〇〇八年九月五日付け記事他参照。
（7）『日本経済新聞』二〇〇八年九月一二日付け記事参照。
（8）アサヒビールの経営理念は「最高の品質と心のこもった行動を通じて、お客様の満足を追求し、世界の人々の健康で豊かな社会の実現に貢献します。」最初の経営理念は昭和57年にできた。こうした理念が同社の企業行動、企業の倫理行動に影響を与えているといえるが、この点は第5章で詳述する。

(9) 船橋［二〇〇七］九九頁。
(10) 同上書、九九頁。
(11) 平田［二〇一〇］八〇頁。
(12) 同上書、八三頁。
(13) 同上書、八五頁。
(14) 同上書、八六頁。
(15) 同上書、八一頁。
(16) 都鄙とは都といなかという意味で、書では田舎から出てきた者と梅岩との問答形式となっている。
(17) 平田［二〇〇五］第一章。
(18) 平田［二〇一〇］四六－四七頁。
(19) 同上書、八〇－八一頁。
(20) 同上書、九一－九三頁。
(21) 同上書、八〇－八一頁。
(22) 渋沢（池田解説）［二〇一一］二－三頁。
(23) 同上書、三五頁。
(24) 同上書、四頁。
(25) 渋沢（池田解説）［二〇一一］五一頁。
(26) 渋沢（守屋編訳）［二〇一〇］四四－四五頁。
(27) 上田［二〇一四］二一一頁。
(28) 平田［二〇一〇］五〇－五一頁。
(29) 加護野［二〇一一］二六頁。

(30) 平田［二〇一〇］五〇‐五一頁。
(31) 平田［二〇一〇］一六九‐一七〇頁。
(32) 稲盛［二〇〇四］参照。
(33) 稲盛［二〇〇六］三一頁。
(34) 同上書、七四‐八四頁。
(35) 同上書、八四頁。
(36) 同上書、八四頁。
(37) 稲盛［二〇〇七］一五二頁。
(38) 稲盛［二〇〇六］一五六‐一五八頁。
(39) 加護野［二〇一二］一九一頁。
(40) アメーバという言葉は、小集団がまるで細胞分裂を繰り返す「アメーバ」のようだという、従業員の言葉から生まれた（稲盛［二〇〇六］四四頁）。
(41) 独立行政法人情報処理推進機構［二〇一二］一〇頁。
(42) モノやお金の動きを一対一対応で把握し、ガラス張りで管理すること（稲盛［二〇〇六］一五七頁）。

第2章　倫理リスクは経営にどのような影響を与えるのか

企業の倫理リスクは繰り返し発生しており、特に近年はその頻度が高くなっている。様々な業界、会社で、次のようなリスクがたびたび生じている。

下記はその一例であるが、そのポイントと倫理リスクマネジメント上の問題点を示すと次のようになる。

1　事例にみる倫理リスク

(1)　ライブドア、有価証券報告書への虚違記載他

（経緯）

平成一八（二〇〇六）年、有価証券報告書への虚違記載他により起訴（約三億円の赤字を五〇億円の黒字と虚違の事実を有価証券報告書に記載）。その結果、上場廃止、捜査前の株価六九六円が上場廃止後九四円へ。

（背景）

企業トップの倫理観の欠如、不適切なビジネスモデル（社会に有用な事業を提供するのではなく、時価総額至上主義により株価を吊り上げるために、違法なあるいは法律すれすれのことを行ってきた）。

（倫理リスクマネジメント的課題）

企業トップの倫理観や経営哲学、企業ビジョンの問題が不適切な、あるいはグレーなビジネスモデルに走らせた。経営者の企業哲学、企業目標の問題、グレーゾーンに関する倫理リスクのマネジメント問題がポイント。

（2）不二家、賞味期限切れ牛乳の使用事件

（経緯）

平成一八（二〇〇六）年、賞味期限切れ牛乳の使用他の内部告発文書が社外に漏れ、食品衛生法違反に問われた。すべての洋菓子製品の製造販売を休止、すべての同社製品をスーパー、デパートなどの全店舗の売り場から撤去。この不祥事で累積二一六億円の経常損失を出した。[1]

（背景）

ずさんな食品衛生管理、企業倫理に欠ける安全を軽視した姿勢や隠蔽体質。創業家の同族

経営と「イエスマン」の集まりになり、役員会が機能していない。不振が続く洋菓子チェーン部門の黒字化のための利益優先主義に陥っていた。[2]

（倫理リスクマネジメント的課題）

企業風土、企業の隠蔽体質と内部統制の問題、好ましくない企業文化、内部統制とリスクマネジメントの問題。

(3)　三菱自動車の製造物賠償責任、リコールに関する問題

（経緯）

二〇〇〇年、内部告発により同社のリコール隠しが発覚。運輸省の立ち入り検査により計六二万台のリコール届出。リコール関係費用二一五億円、最終赤字七五六億円。二〇〇四年に二〇〇二年に生じた親子三人のタイヤ脱落事故による死傷事故の原因を設計ミス（欠陥）とみとめ、約一一万台リコール。その後、欠陥クラッチで約一七万台リコール、乗用車にも欠陥隠しがあり一六万台リコール。

（背景）

重要事項を隠すという風土、技術力に対する過信、トップは「安全第一」といいながら、具体的対応はすべて専門家集団に任せていた。三菱のブランドイメージ損壊への恐怖心がヤ

ミ回収を続けさせた。安全より利益第一主義。[3]

（倫理リスクマネジメント的課題）

企業風土、企業の隠蔽体質と内部統制の問題、好ましくない企業文化、内部統制とリスクマネジメントの問題、企業トップのリスク感性とリスクマネジメントの組織への組み込みなどの問題。

（4）三菱ＵＦＪ証券の顧客情報の流失リスク

（経緯）

二〇〇九年四月、三菱ＵＦＪ証券から顧客約一四八万人分の個人情報（勤務先や年収など）が流失した。逮捕された同社の元部長代理は異動した派遣社員のＩＤとパスワードを悪用して情報を盗み出した。同社は約五万人にそれぞれ一万円分の商品券をお詫びのしるしとして送付（計約五億円）。発注の減少と合わせ、損害額は七〇億円超と推定。[4]

（背景）

同社のホームページからは、下記の原因が推測できる。「システム部が情報セキュリティ管理室のチェックを受けるという体制にはなっていなかった。モニタリングの実施の必要性について、顧客情報漏洩リスクの観点からの検討はされていなかった。また、システム部は八つの課で構成されており、開発・運用・監視という三つの機能・業務におおむねは分離されていた。しかし、本件当時、データ検索ツールを含めたいくつかのシステムにおいては、同一の社員が開発と運用の業務を兼務していたことなどにより、機能・業務別の相互牽制が十分ではなかった。なお、システム部では専門性を重視したため、部内および他部とのローテーションがほとんどなく、担当者の固定化やノウハウの属人化が常態化していたという状況もある」。

（倫理リスクマネジメント的課題）

情報のセキュリティに関する経営陣のガバナンス問題、教育、研修問題のほかに、社員の倫理教育の問題。

(5)　日本交通技術社の不正なリベート供与[5]

（経緯）

鉄道コンサルタント会社「日本交通技術社」（ＪＴＣ）は、鉄道事業の受注に関し、インドネシア、ベトナム、ウズベキスタンの政府高官ら一三人に対し、二〇〇九年から二〇一四年の間に、総額約一億六、〇〇〇万円の不正なリベートの提供を行った（不正競争防止法違反）と公表した。たとえば、ベトナムでは、ハノイ市都市鉄道建設事業にあたり、コンサルタント業務の契約をベトナム鉄道公社と締結する際に（受注額約四二億円）、同公社の職員が六、〇〇〇万円のリベートを日本交通技術国際部次長に要求。契約内容の変更などを理由にリベートの増額を求められ、最終的には計六、六〇〇万円を支払った。インドネシアでは約二、六〇〇万円、ウズベキスタンでは約七、一〇〇万円の不正なリベートを政府高官に供与した。

（背景）

一九五八年設立のＪＴＣは国内の鉄道事業の先細りで、九四年ごろをピークに業績は悪化。途上国への進出を試みる。人材不足の中で一人の国際部長が業務を仕切り、他の役員は業務内容の理解ができない。「受注のため要求されたリベートを提供する」という部長方針により、不正な資金提供を進めたが、二〇一二年、一三年ともそれぞれ一億八、〇〇〇万円、二億七、〇〇〇万円の赤字に至る。東京国税局の税務調査で不正な資金の存在を指摘された後も、国際部は「リベートをやめると受注が五〇％まで減少する」と主張し、社長も「受注のためにはやむを得ない」と判断し、資金提供を続けた。

（倫理リスクマネジメント的課題）

業績悪化のプレッシャーのなかでの、倫理リスクの発生。一人の担当に任せることによる業務内容のブラックボックス化と相互牽制機能のなさ、企業体質。

上記のように企業の倫理リスク発生により、企業価値には多大な損失が生じるが、図表２－１は不祥事発生後の売上高の減少を示したものである。

また帝国データバンクの最近の調査では、二〇一二年度に、コンプライアンス違反が一因で法的整理に至った企業は、前年度比二五・八％増の二〇〇件となり、調査開始以降、最多を記録している(6)。

▼違反類型別では、昨年四月に関越自動車道で発生したツアーバスの死亡事故以降、監査が厳格化したほか、道路運送法違反などの行政処分を受けた運輸業の倒産が相次ぎ「業法違反」（六〇件、構成比三〇・〇％）、初のトップ。運輸業の「業法違反」

図表2−1　企業の不祥事と売上高の関係

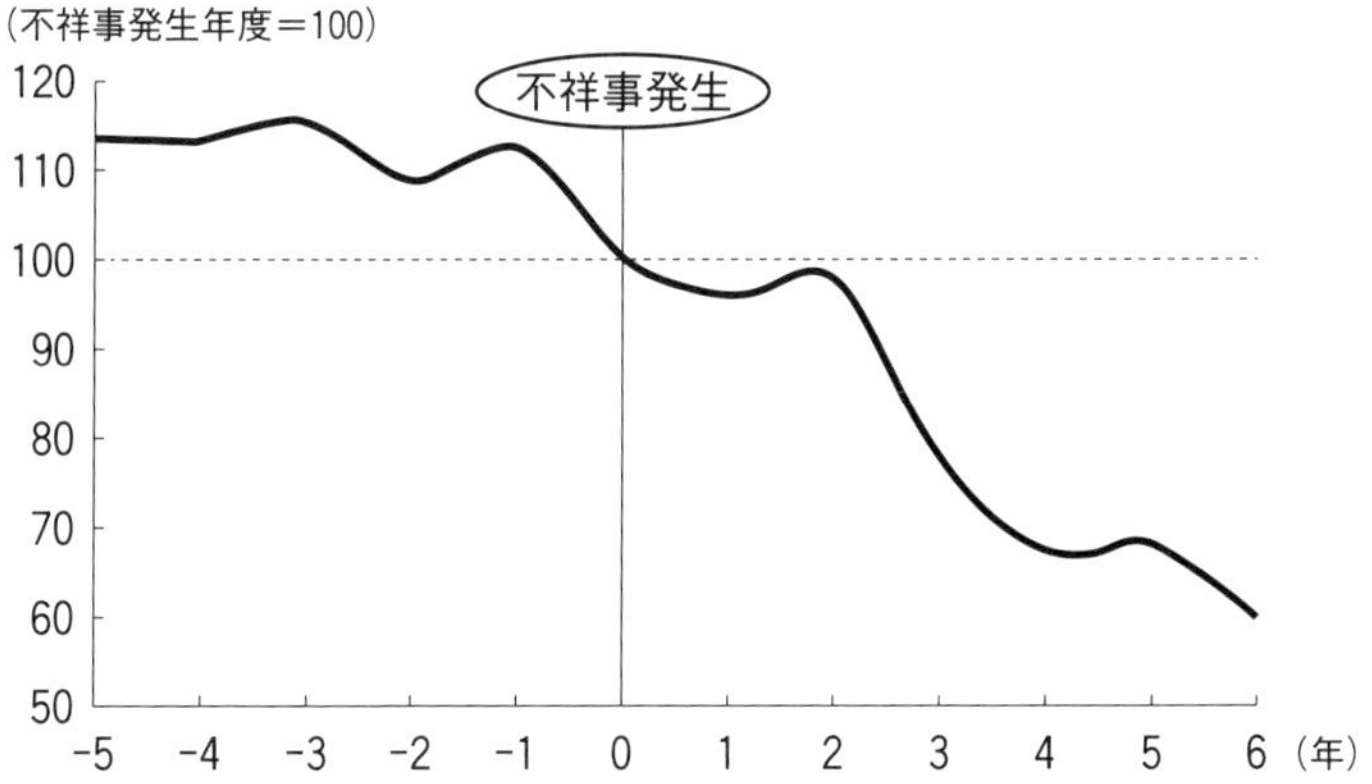

（備考）１. 財務省「法人企業統計調査」、日本経済新聞社「会社総鑑」、東洋経済新報社「会社四季報」、帝国データバンク「企業情報」により作成。
２. 各企業（13社）の不祥事発生年度を100として、売上高を指数化した上で、当該業界の売上高指数で相対化。

（出典）内閣府[2009]。梁瀬[2010]243頁。

が急増しており、全体の倒産件数を押し上げている。

▼業種別では「建設業」(五四件、同二七・〇%)が最多となった。

▼業歴別では「三〇年以上」(九一件、同四五・五%)が最多で老舗企業の倒産が目立つ。

▼負債規模別では、「一~五億円未満」(一一三件、同五六・五%)が最多となった。

このように、企業や組織では法令違反を含め、倫理的な要因やその他の要因を原因とした企業価値を揺るがしかねないリスクが繰り返し発生している。

2 社会的規範逸脱による倫理リスクの企業価値への影響

第1章で、本書で扱う倫理リスクは企業の利害関係者に対する対応において、法律に反する行動により生じることはもとより、公正、誠実、責任の面において問題のある企業行動も倫理リスクを生じさせるという点を述べた。言い換えれば、企業行動が適法であっても、その対応が利害関係者にとり不誠実で責任ある行動とはいえない場合、倫理リスクが生じるといえる。

社会的規範、社会的倫理の逸脱による倫理リスクがいかに企業価値の減損に影響を与えるのかについて、北見は次のような実証研究をしている(7)。

一九九二年から二〇〇七年までの一五年間の企業不祥事七〇件について、それを四つの類型に分け、四類型の不祥事とそれによる株価の平均異常収益率との関係を分析している。四類型の不祥事とは、以下の四つである。

グループ1の不祥事：表示や品質の偽装、社会的倫理逸脱などにより最終消費者に直接的影響を与える不祥事。

グループ2の不祥事：総会屋への利益供与、有価証券報告書虚偽記載、談合などの社会的倫理逸脱で、最終消費者に直接的影響を与えない不祥事。

グループ3の不祥事：社会的倫理逸脱を含まない製品・サービスの欠陥、顧客情報流失などで、消費者に負の影響を与える不祥事。

グループ4の不祥事：生産拠点の火災、環境汚染などの企業レベルで地域住民などに影響を与えるケース。

分析結果の一部が次の図表2－2である。特にグループ1、つまり表示や品質の偽装、社会的倫理逸脱などにより最終消費者に直接的影響を与える不祥事の株式に与える負の影響が極めて大きく、長期的に負の影響をもたらす。次に負の影響が大きいのがグループ2の社会的倫理逸脱で、最終消費者に直接的影響を与えない不祥事である。同じ不祥事でも、グループ3の社会的倫理逸脱を含まない製品・サービスの欠陥、顧客情報流失などで、消費者に負

図表2－2　要因・影響別平均累積異常収益率（ACAR）の推移

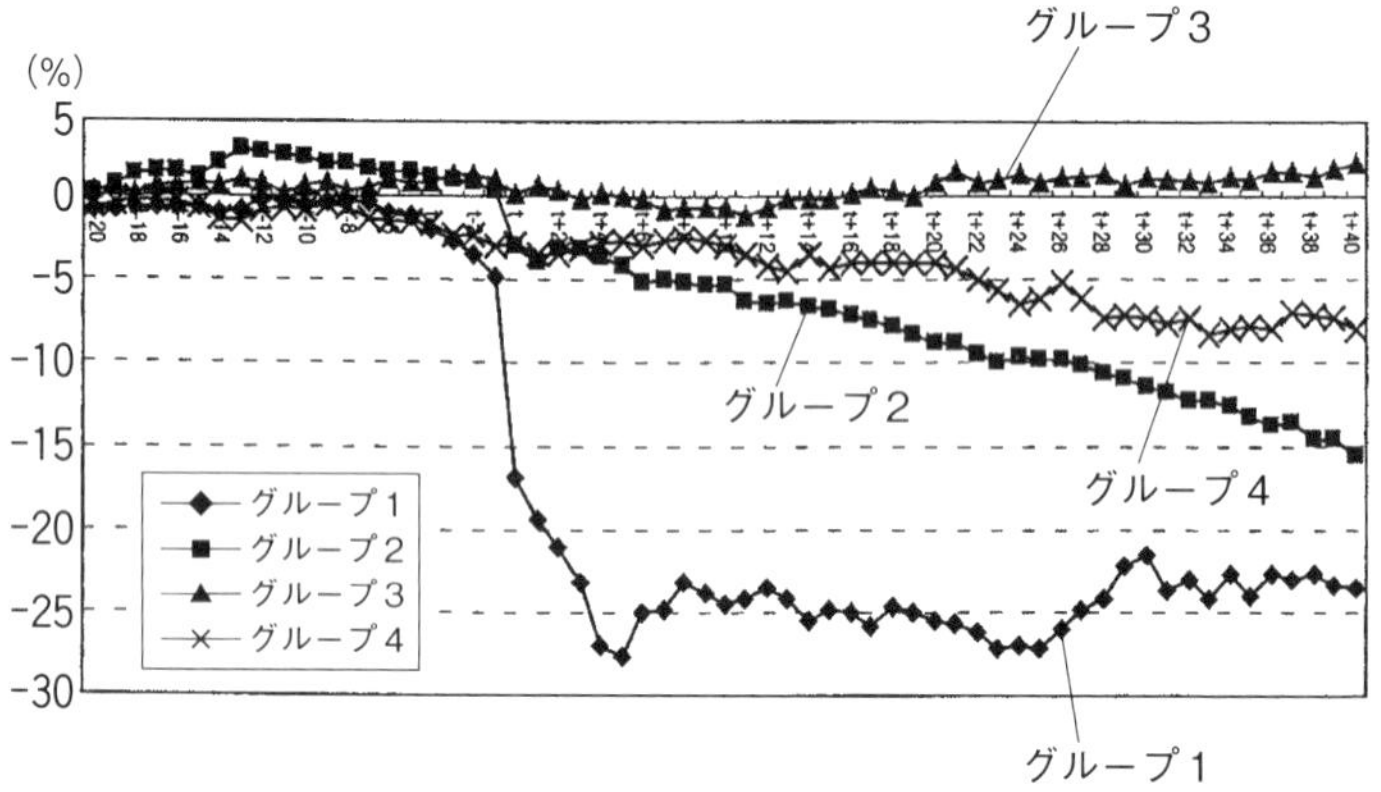

（出典）北見[2010]88頁、筆者一部加筆。

の影響を与える不祥事は、不祥事発覚後の謝罪、原因究明、再発防止策などの対応を適切に行うことにより、市場からむしろプラスに評価される可能性があるという結果を得ている。この種の不祥事はその後の適切な対応により、危機をむしろチャンスに変えうることを意味している。

北見も指摘しているが、事実隠蔽、虚偽報告、不誠実な対応などの、社会的倫理の観点から問題がある場合、市場、社会は厳しい評価をすることが、実証的にも分かる。

3　リスクマネジメントと倫理リスクマネジメントのアプローチ

人的リスクや災害リスク、そして賠償責任を負担する責任リスクをマネジメントする手段には、いくつかのものがある。企業を対象とするビジネス・リスクマネジメントにおいても、また個人を対象とするパーソナル・リスクマネジメントにしても、リスク対応策を適切に選択し、効果的なリスクマネジメント（以下、ＲＭ）を行うことが、ＲＭの核であり最も困難な意思決定領域である。

効果的なＲＭを行うためのリスク対応策の適切な選択をＲＭツール・ミックス（tool mix）というが、地震リスクを例にとり、ＲＭ手段を体系化すると図表２－３のようになる。地震リスクのみならず企業や組織は、人的リスクや災害リスク、そして賠償責任を負担する責任リスクを、これらＲＭ手段を効果的に用い、損失の最小化や企業目標の達成確率を上げていかなければならない。

図表２－３には、リスクに対する手段として二本柱がある。第一は、リスク・コントロール（以下、ＲＣ）であり、第二は、リスク・ファイナンス（以下、ＲＦ）である。前者はリスクの発生頻度や影響を制御する諸活動であり、通常リスク制御という。この中にハード・コントロールとソフト・コントロールの二つのコントロールがあることが示されている。後者

図表2－3　地震リスクへの多様な対応とソフト・コントロール

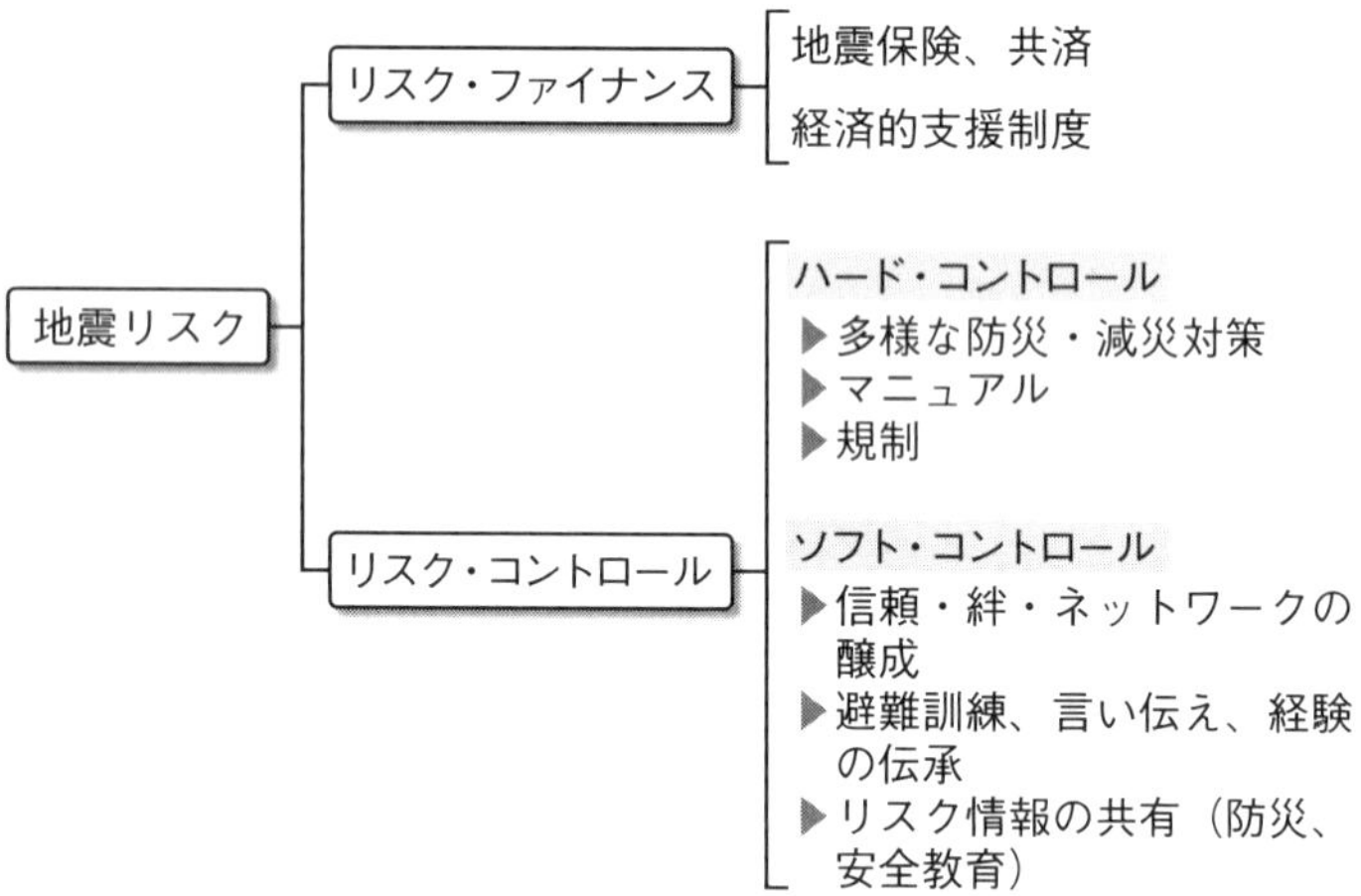

はリスクを自己負担したり、第三者に転嫁するための計画的資金計画をいい、保険、保証、デリバティブなどの各手段をいう。

ＲＣとＲＦの二本柱のリスク対応策のうち、本書で対象としている倫理リスクについては、ＲＦは対応としては一般にあり得ない。社会に対して好ましくない倫理リスクがもたらす損失を、保険制度他で対応することは考えられないからである。倫理リスクに対し、とりうる手段はＲＣのみである。

倫理リスクマネジメントのアプローチには、法令違反の企業行動に対し、法律、業界ルールや社内ルールなどで、規制を加えることに主眼を置くアプローチ（ここではハード・コントロール、あるいはコンプライアンス重視型とする）もあれば、企業の誠実性や、価値（組織の使命、価値を明確にし、社員の関与を促す）の共有をベースにするアプローチ（ここではソフト・コントロールあるいは価値共有型とする）などが考えられる。

倫理リスク対応策としてのソフト・コントロール策の効果などについては、本書第４章で検討するが、社員間、社員と上司間、社員と利害関係者間の信頼、絆などのソフトな要素をいかに醸成できるかが、倫理リスク対応の有効な対策になるとともに、企業成果の向上にも同時に貢献する手段となる点を検討する。

注

（1）二〇一〇年三月期の純利益は五億円と前年比の五四億円の赤字に比べ、五期ぶりに黒字転換している。その背景には、路面店のみならず、ショッピングセンターへの出店、時間帯による店員の配置変化、資産効率の改善、商品の開発などがあるが、復配には純利益二〇億円程度が必要であり、完全復活への道のりは遠い（『日本経済新聞』二〇一〇年二月二四日）。

（2）梁瀬［二〇一〇］二二八頁。

（3）同上書、一三二－一四六頁参照。

（4）『日本経済新聞』二〇〇九年一二月二二日、夕刊。なお同紙によれば、二〇〇七年の場合、情報漏洩における企業や行政の損害賠償額は二兆二、七〇〇億円超と想定される。

（5）『読売新聞』二〇一四年四月二六日、二九日朝刊。

（6）帝国データバンク［二〇一三］。

（7） 北見［二〇一〇］第三章、七四－一〇一頁。

第3章　なぜ倫理リスクは生じるのか

第3章では、「企業はなぜ、倫理リスクを犯すのか」、言い換えれば、「企業はなぜ、利害関係者に対して不誠実で、不公正なまた責任のない行動をとるのか」について検討する。

この検討では、最初に企業不正に関する伝統的理論について紹介する。それはクレッシー(Cressey, D. R.)の「トライアングル理論」と呼ばれるもので、古典的理論であるが、今でも通用する有用な理論である。次にこの理論をベースにして、最近の倫理リスクの発生事例を検討し、倫理リスクに関わる要因を具体的に抽出する。

次に、企業は多様なリスクにさらされており、実は倫理リスクが多様なリスクとの関連で生じるという点の検討を行う。そうした、多様な要因と倫理リスクとの関連、影響関係を検討し、第4章のどうすれば倫理リスクの発生を最小化でき、かつ企業の持続的成長が可能になるのかのヒントを、この第3章で検討する。

1 「不正のトライアングル理論」からみた企業倫理リスクの発生要因

「不正のトライアングル理論」は、一九五〇年代、米国の社会学者であり犯罪研究者でもあるクレッシー（一九一九年－一九八七年）が体系化したものである。彼は横領犯罪者が誘惑に負けた環境に注目して研究を重ねた。現在でも古典モデルとなっている職業上の犯罪者についての理論を発展させ、一九七三年に公刊された著書のなかで「不正のトライアングル理論」を展開した[1]。

クレッシーは、横領の発生要因は脆弱な内部統制や不十分な監視システムが根本的な原因ではなく、当事者が雇用主の信頼に意図的に背くことにより不正行為が発生すると分析している。具体的には、次の三つの要因を挙げている。

すなわち、不正は①動機・プレッシャー（不正を行う心理的なきっかけで、他人に打ち明けられない問題）を抱え、②機会（この問題が自分の経済的に信頼されている立場を利用すれば、秘密裏に解決できること）を意識し、③正当化（その解決策を実行しても、信頼された人物としての自分のイメージを損なわないですむような理由付け）を考えつく時に発生すると考え、この「動機・プレッシャー」、「機会」、「正当化」を不正のトライアングルと定義している[2]（図表3－1を参照）。

(1) 動機・プレッシャー

不正を行う際の心理的なきっかけをいい、たとえば個人的な理由と組織的な理由として次のようなものがある。こうした諸問題で、当該人物が他人にそれを打ち明けられず、一人で抱え込んでしまい、耐え難いプレッシャーとなり、企業での不正の動機の一つを作ってしまう。

〈主に個人的理由〉
▼個人的な失敗による問題
▼経済情勢の悪化
▼地位向上への欲望
▼不当な待遇に甘んじざるを得ない状況他

〈組織的な理由〉
▼外部からの利益供与
▼過重なノルマ
▼業績悪化
▼株主や競合他社からのプレッシャー他

図表3−1　クレッシーのトライアングル理論

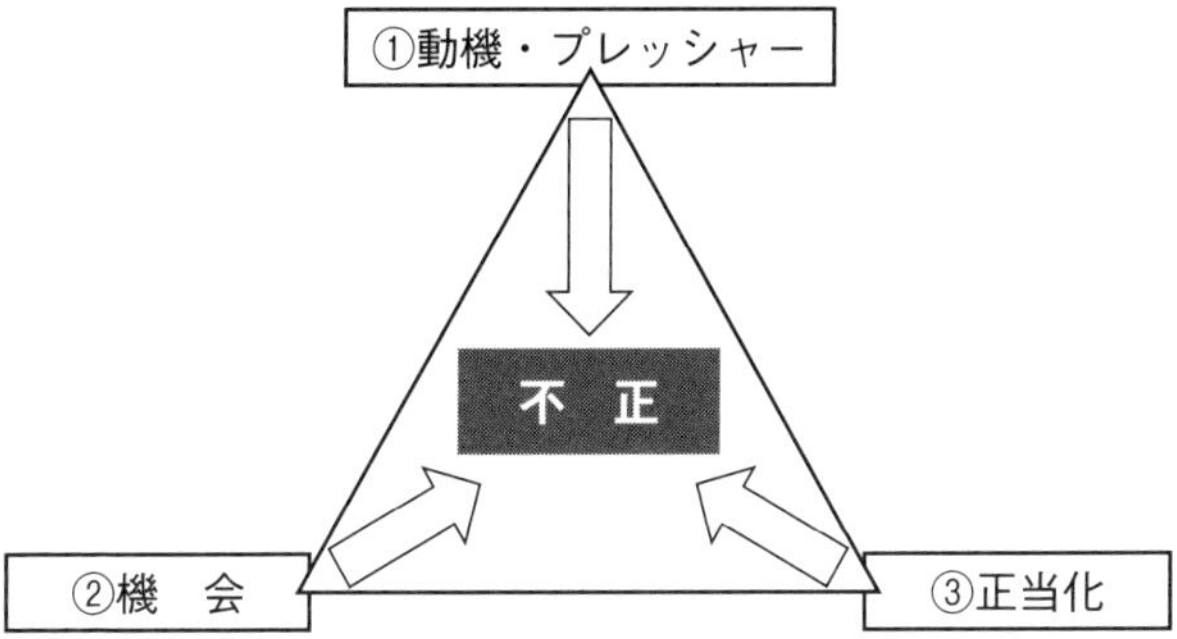

以上の諸要因には、個人的、組織的そして業務上の問題、職場環境、報酬、競争要因、企業存続の危機などが背景として考えられ、それらが当該人物に過度のプレッシャーを与え、不正などを生じさせる。

動機・プレッシャーの例をみると、個人的な要素の多い例と（個人的な失敗、経済情勢の悪化）、組織にも遠因がある例（過重なノルマ、不当な待遇、業績悪化、株主や競合他社からのプレッシャー、外部からの利益供与）があり、両者間に明確な線引きをすることは難しい場合が多いといえる。たとえば、激しい競争環境下で、当該企業の競争力が落ちている場合、社員の努力の割には報酬が不十分な状況となり、企業への不満が大となる状況などがその例である。

倫理リスクのマネジメント視点では、個人の倫理観の向上、企業の職場環境の向上、様々な局面での情報の共有などにより、過度の心理的なプレッシャーを下げることが、倫理リスクの発生頻度を下げることにつながる。

クレッシーは、このような問題における過度のプレッシャーが人にストレスを生じさせ、一人で解決できないために、たとえば会社の資金に手をつけるという展開で企業不正の説明をしているが、ここで重要なのは過度のプレッシャーという点である。

この点に関し、次のことを明確にしておく必要がある。

a.　プレッシャーはいつも悪いものか。
b.　プレッシャーとストレスは異なるのか。

a.について、英国の安全衛生庁（Health & Safety Executives）は、次のようにいっている。

「ストレスとは、人々に課せられた過度のプレッシャーまたはその他の種類の要求に対する有害な反応のことである。プレッシャーとストレスとの間には明らかな違いがある。プレッシャーは一種の『刺激』となってやる気を引き出すことがあるが、ストレスはこうしたプレッシャーが過度なものとなったときに生じる状態である。」

つまり、次の図式に示すように、プレッシャー＝悪ではなく、適度のプレッシャーはむしろ、パフォーマンスを上げることがあるという点を考慮する必要がある。この考え方は、一〇〇年以上前に心理学者のR・M・ヤーキーズとJ・D・ドッドソンが一九〇八年の論文で示したものである。

プレッシャー（Pr）⇩適度なPrはパフォーマンスを上げることがある⇩良いストレス
プレッシャー（Pr）⇩過度なPrはストレスになり有害な反応である⇩悪いストレス

倫理リスクを生じさせる三要因のうち、この過度のプレッシャーが悪いストレス（distress）になり、それは人の心、体、頭によくない影響を与え、意欲の低下、欠勤、コミュニケーション能力の低下、不適切な行動、注意力や判断力の低下、事故を誘発する行動などが出るといわれている。

一方、良いストレス（eustress）とは、たとえば、目標、夢、スポーツ、良い人間関係など、自分を奮い立たせてくれたり、勇気づけてくれたり、元気にしてくれたりする刺激とその状態である[3]。

そして、ストレスの量と生産性の関係を見てみると、ヤーキーズ・ドッドソンの法則では、図表3－2のように、ストレスレベルが高すぎても、低すぎても生産性は落ちるということが分かっている。こうした法則などからいえることは、企業は社員との関係において、いかにして良いストレスをできるだけ築くかということを考えることが、倫理リスクのマネジメントと同時に生産性向上に役立つ。この点の検討は第5章で行う。

(2) 機　会

倫理リスクの発生確率を上げる二番目の要因は「機会」である。つまり、不正を行おうとすれば可能な環境が存在する状態

図表3－2　ストレスと生産性

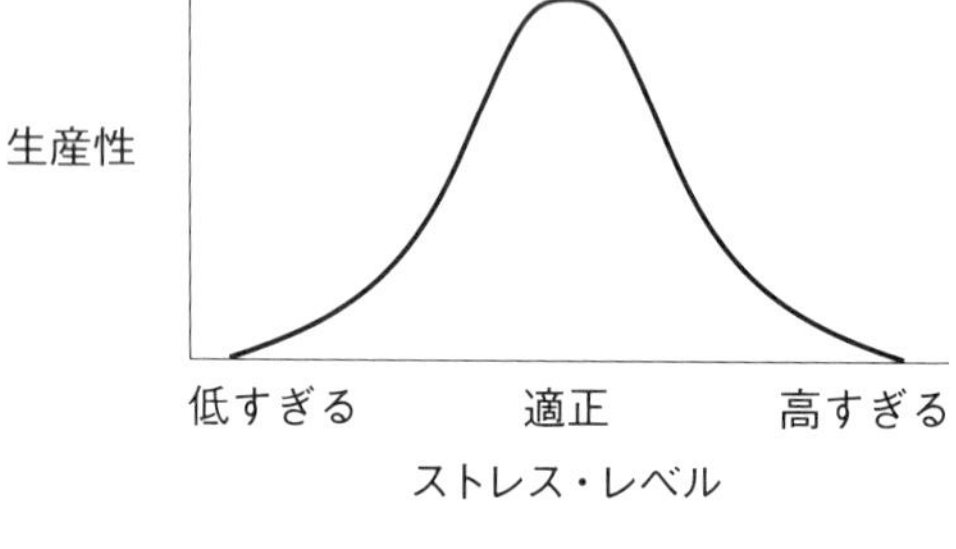

のことをいう。たとえば、権限が特定の一人に集中しており、他の人からは意見がいえない、あるいは業務内容の詳細が分からない状況となっているなど、相互牽制が不足している場合などである。

人員の配置問題、業務知識が特定個人に集中、企業内の横のコミュニケーション問題など、企業の管理体制や組織体制に関わる問題が多いといえる。企業から見れば、上で検討した「動機・プレッシャー」要因が、個人の主観的要素やプライベート的な要素が多い状況と比べて、「機会」要因は組織の管理体制やガバナンス体制に関するものが多く、コントロールしやすい要因である。

次章で検討するが、倫理リスクのマネジメント策には、組織体制、マニュアルなどに関する施策により対応しようとするハード・コントロール策と、社員とのコミュニケーションなどにより、企業理念、企業目標、企業使命のみならず、倫理観も共有し、ひいては倫理リスクを最小化するソフト・コントロール策がある。倫理リスクの発生「機会」を減らす手っ取り早い方法は、組織やルールに関するハード・コントロール策を展開することであるが、これだけでは社員のモチベーションやパフォーマンスは向上しない。ここにおいて、倫理リスクを減らしながら社員のパフォーマンスを向上させうるソフト・コントロール策の重要性が浮かび上がってくる。

（3） 正当化④

正当化とは、自分の不正を正当化するための都合の良い解釈・理由付けをいう。たとえば、「これをしないと会社がつぶれる。だから○○をする」、「自分だけが悪いのではなく、周りの人も同じようなことをしている。だから○○をする」、「自分はもっと高い給料をもらえるはずなのにもらえていない。だから○○をする」などである。誰しも良心の呵責があるはずだが、それを振り切って不正などを実行するには、何らかの力によって背中を押してもらわなければならない。それが「正当化」である。

こうした都合の良い理由付けを思いとどませるような倫理観の欠如も問題であるが、同時に、こうした都合の良い理由付けをいわせるような企業の人事評価制度、報酬体系、企業体質、企業慣行なども、倫理リスクのハザードとして問題である。こうしたハザードは、社員に対する会社側の対応、特に先にみるような各部署で生じるかもしれない問題を事前に把握し、関連情報を全社的に共有し、社員と会社との信頼感を醸成することが重要である。ここにおいても、倫理リスクを減らしながら、社員のパフォーマンスを向上させうるソフト・コントロール策の重要性が浮かび上がってくる。

2　事例による「不正のトライアングル理論」の検証

(1)　雪印食品の不正

二〇〇二年、雪印乳業の子会社である雪印食品(一九五〇年設立)は牛肉偽装事件を起こした。この背景には二〇〇一年に発生した狂牛病問題があり、日本政府が米国牛の輸入を禁止し、同時に国は国産牛肉買い取り制度による助成を始めたことがある。雪印食品はこの制度を悪用し、安いオーストラリア産牛肉一三・八トンの牛肉に国産ラベルを張り、差額を着服、補助金を取得したというものである。その額は約一億九、六〇〇万円に上る。内部告発により同社の不正が発覚し、雪印食品の株価は二〇〇〇年の六〇〇円から、一五〇円に低下し、二〇〇二年には同社は倒産する。(5)

以下、動機・プレッシャー、機会、正当化について、関連ハザードなども含めて、この事例を検討する。

①　動機・プレッシャー

雪印食品は一九九二年以降、毎年赤字であり、二〇〇〇年には親会社である雪印乳業の集団食中毒により(本書第1章参照)、雪印グループへの信頼低下。二〇〇〇年には約二五億円の経常損失。二〇〇一年、雪印食品は業績悪化に対処するため、経営方針として「死守ライン」という業績目標数値を設定し、この数字目標の成否が会社の存亡にかかっていると指示した。こうした競争上のプレッシャーそして親会社の製造物賠償責任事故による信頼低下、さらには「死守ライン」という経営目標が雪印食品の現場責任者に過度のプレッシャーを生じさせた。

② 機　会

雪印食品のミート事業の担当には高度な知識と経験が必要なため、長年にわたりミート事業一筋のものが多かった。そのため、日常業務、事務処理の権限が現場責任者に委ねられていた。また、他部門との交流は乏しく、事業本部長はこの分野の知識がなく、具体的な指示も出せない状況であった。不正を行う第二の要因で検討した「機会」とは、不正を行おうとすれば可能な環境が存在する状態のことをいう。たとえば、権限が特定の一人に集中しており、他の人からは意見がいえない、あるいは業務内容の詳細が分からない状況となっているなど、相互牽制が不足している場合などの状況が、雪印食品にも見事に当てはまる。

③ 正当化

この不正行為で業績悪化を止め、雪印を救うという正当化理由が考えられる。いわば会社のためという論理である。食の安全という消費者利益は忘れられ、企業利益の確保をするためというものである。また、当時の食品業界では、偽装が慣習化しており（産地偽装や品質

図表3－3　雪印食品の不正のトライアングル

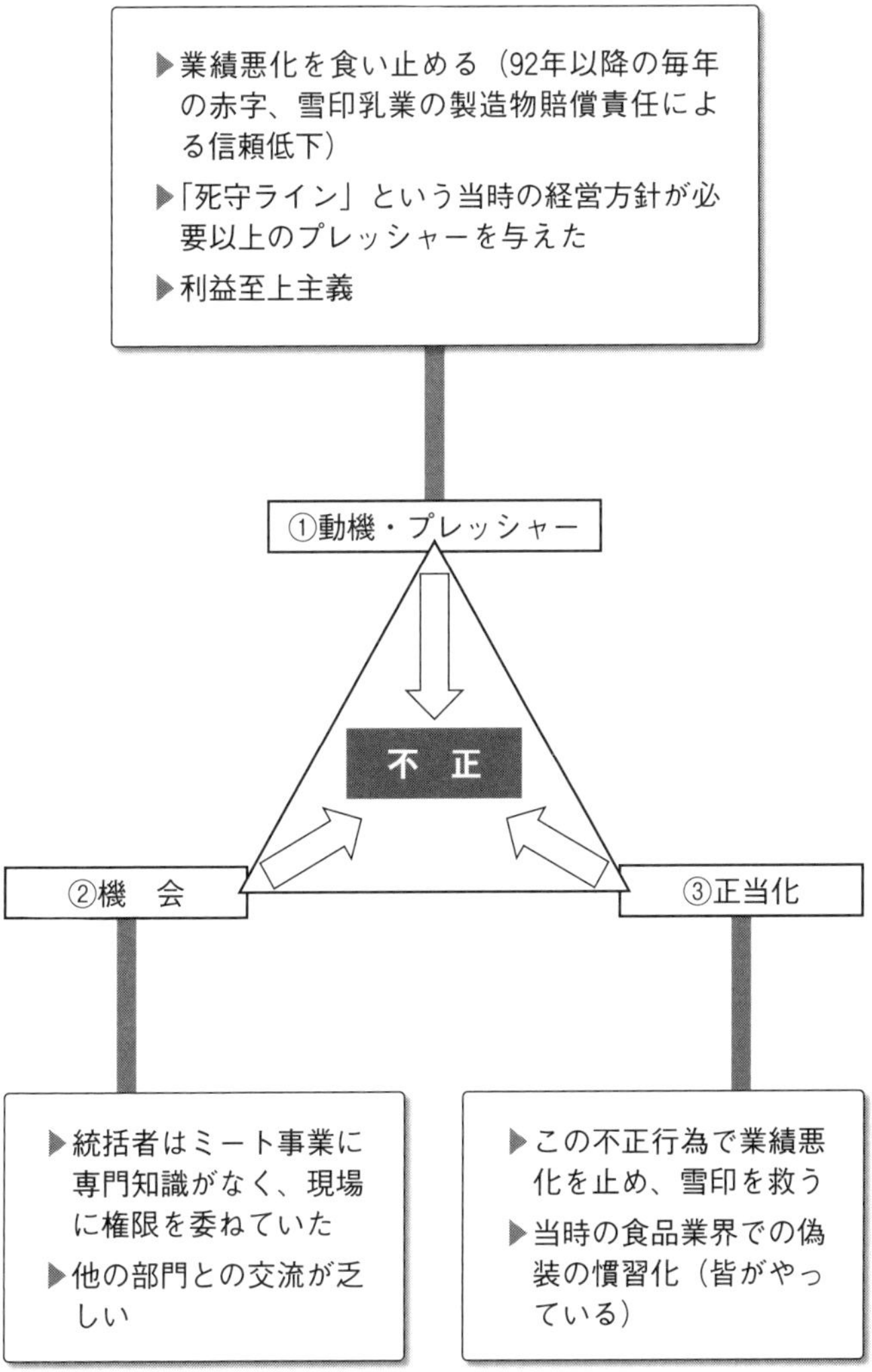
▶業績悪化を食い止める（92年以降の毎年の赤字、雪印乳業の製造物賠償責任による信頼低下）
▶「死守ライン」という当時の経営方針が必要以上のプレッシャーを与えた
▶利益至上主義
①動機・プレッシャー
不　正
②機　会
③正当化
▶統括者はミート事業に専門知識がなく、現場に権限を委ねていた
▶他の部門との交流が乏しい
▶この不正行為で業績悪化を止め、雪印を救う
▶当時の食品業界での偽装の慣習化（皆がやっている）

表示の偽装を皆がやっている)、雪印食品もこの種の不正が日常化していた。こうした状況が正当化の根拠になっていった。

前頁の図表3－3はこの状況を図示したものである。

(2) 日本マクドナルド社の残業代不払い問題(6)

二〇〇五年から日本マクドナルド社(以下、マック社)の店舗で勤務していたAは店長となり、同社の「店長は管理監督者なので、残業代の支払いがない」という就業規則により、Aには過去二カ年間の残業代が払われないままであった。しかし、Aの残業時間は店舗スタッフ不足などの影響もあり極めて多く、早朝、深夜勤務などを含め、残業時間が月一〇〇時間を超えることもあった。しかも、この状況は他店の店長にも生じていた。

二〇〇五年一二月、Aは東京地裁に過去二年間分の残業代約五〇〇万円の支払いをマック社に対し求めた。主な争点は店長Aが労働基準法上の「管理監督者」にあたるのか否かというものであった。二〇〇八年に東京地裁は、この店長は次のように、管理監督者の三要件である「Aには経営者との一体性がない＝社員の採用権がない、企業全体の経営方針への関与がない、自らの勤務時間を決定する権限がない、労働時間の自由裁量性がない、十分な待遇がない」という点で、法律でいう管理監督者に該当しないと判決し、Aに残業代および付加

図表3−4　日本マクドナルド社の不正のトライアングル

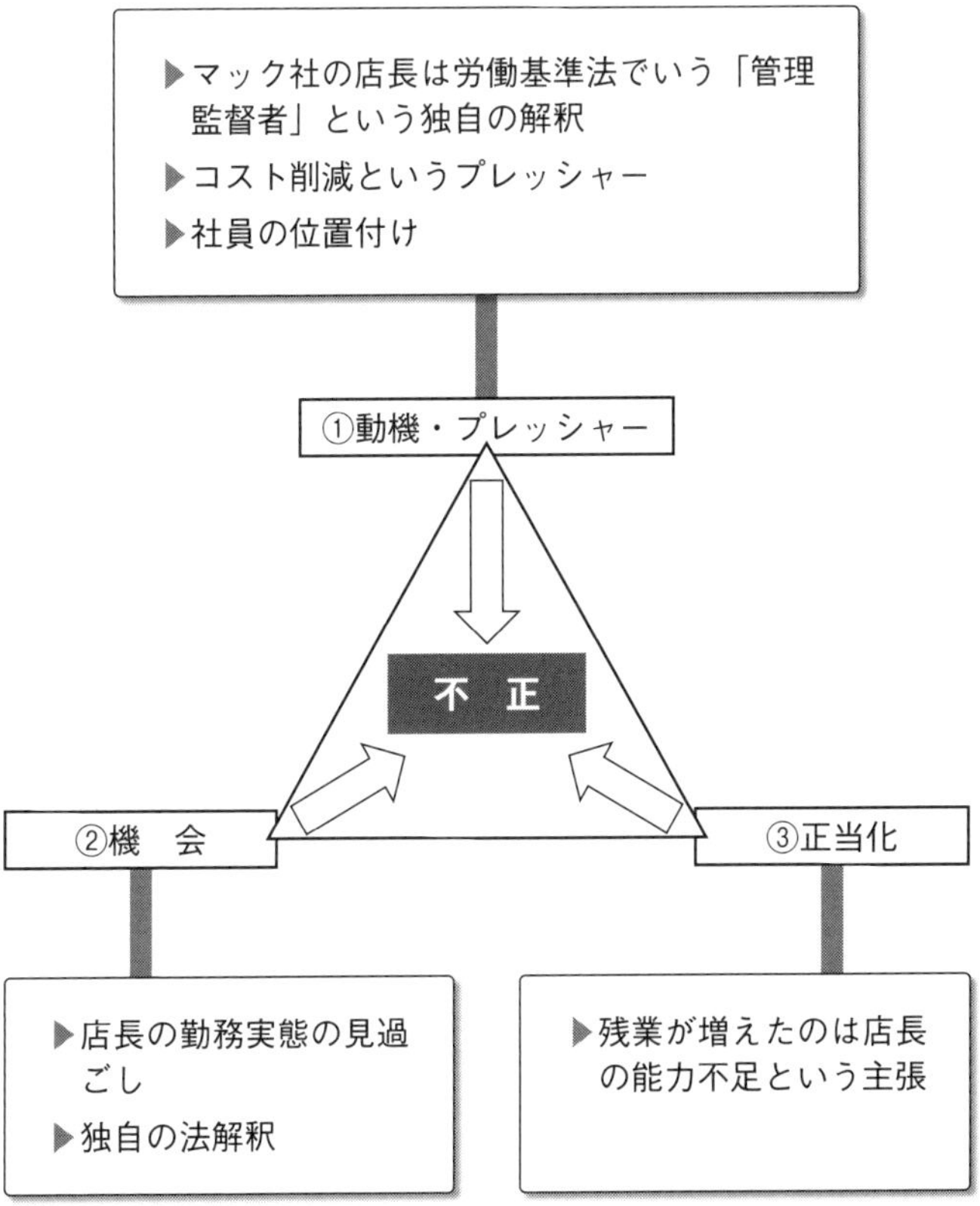

金の計七五〇万円を支払うよう命じた。二〇〇八年同社はAに残業代を払い、翌年和解した。
この事例は、法律上、店長という管理監督者には残業代を払う必要がないという規定を、マック社が杓子定規に適応した点が問題であり、同社が社員をどう見ているかという面と関わる。マック社は店長の勤務実態を把握していないし、社員を重要な利害関係者としてみていない。もし、同社が社員をもう少し大切にしていたら、こうした店長＝管理責任者として、残業代を不払いにするという企業の法令違反は起こらなかったといえる。

(3) 日本交通技術社の不正なリベート供与[7]

この事例は本書の第2章ですでに検討したが、ここではそれをクレッシーの「トライアングル理論」に適応する。

（経緯）

鉄道コンサルタント会社「日本交通技術社」（以下、JTC）は、鉄道事業の受注に関し、インドネシア、ベトナム、ウズベキスタンの政府高官ら一三人に対し、二〇〇九年から二〇一四年の間に、総額約一億六、〇〇〇万円の不正なリベートの提供を行った（不正競争防止法違反）と公表した。たとえば、ベトナムでは、ハノイ市都市鉄道建設事業にあたり、コンサルタント業務の契約をベトナム鉄道公社と締結する際に（受注額約四一億円）、同公社の職員が六、〇〇〇万円のリベートをＪＴＣの国際部次長に要求。契約内容の変更などを理由にリベートの増額を求められ、最終的には計六、六〇〇万円を支払った。インドネシアでは約二、六〇〇万円、ウズベキスタンでは約七、一〇〇万円の不正なリベートを政府高官に供与した。

（背景）

一九五八年設立のＪＴＣは国内の鉄道事業の先細りで、一九九四年ごろをピークに業績は悪化。途上国への進出を試みる。人材不足の中で一人の国際部長が業務を仕切り、他の役員は業務内容の理解ができない。「受注のため要求されたリベートを提供する」という部長方針により、不正な資金提供を進めたが、二〇一二年、一三年ともそれぞれ一億八、〇〇〇万円、二億七、〇〇〇万円の赤字に至る。東京国税局の税務調査で不正な資金の存在を指摘された後も、国際部は「リベートをやめると受注が五〇％まで減少する」と主張し、社長も「受注のためにはやむを得ない」と判断し、資金提供を続けた。

（倫理リスクマネジメント的課題）

業績悪化のプレッシャーのなかでの、倫理リスクの発生。一人の担当に任せることによる業務内容のブラックボックス化と相互牽制機能のなさおよび企業体質。

図表3−5　日本交通技術社の不正のトライアングル

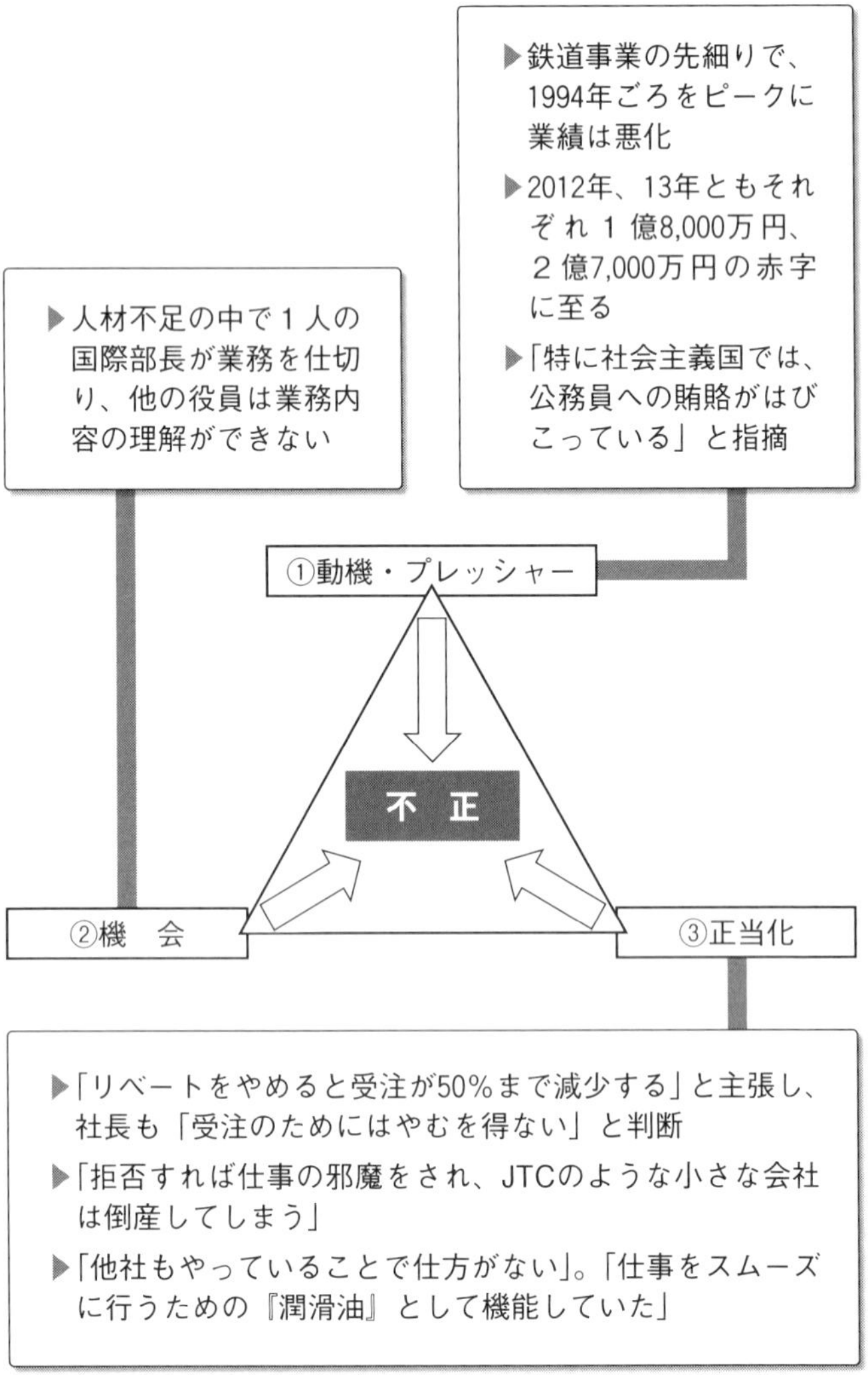
▶鉄道事業の先細りで、1994年ごろをピークに業績は悪化
▶2012年、13年ともそれぞれ１億8,000万円、２億7,000万円の赤字に至る
▶「特に社会主義国では、公務員への賄賂がはびこっている」と指摘
▶人材不足の中で１人の国際部長が業務を仕切り、他の役員は業務内容の理解ができない
①動機・プレッシャー
不　正
②機　会
③正当化
▶「リベートをやめると受注が50％まで減少する」と主張し、社長も「受注のためにはやむを得ない」と判断
▶「拒否すれば仕事の邪魔をされ、JTCのような小さな会社は倒産してしまう」
▶「他社もやっていることで仕方がない」。「仕事をスムーズに行うための『潤滑油』として機能していた」

3　企業を取り巻く多様なリスクと倫理リスクとの関連

以上の理論と事例の検討から、四〇年以上前のクレッシーの理論が、現在でも企業の倫理リスク発生の原因分析に適応できることが分かる。また特に、先の事例の動機・プレッシャー、正当化理由をみると、そこには「コスト削減、業績悪化、受注のためにはやむを得ない」といった競争上のプレッシャーが存在している。言い換えれば、競争上の過度のプレッシャー⇩正当化⇩機会という流れで倫理リスクが生じるともいえる。

この主張を補完するデータとして、次のものがある。データとしてはやや古いが、一九九三年から一九九八年の六年間にフォーチュン誌に掲載された「一、〇〇〇社の会社の株価を二五％以上下落させたリスクは何か」という調査結果がある。これを示した図表3－6、3－7では、下記の四

図表3－6　株価を25％以上変動させたリスク

戦略リスク（58％）	需要の減退（24％）、競争上の圧力（12％）、M&A問題（７％）、商品問題（６％）、その他（９％）
オペレーショナル・リスク（31％）	コスト割れ（11％）、不正会計（７％） 非効率的経営（７％）、サプライチェーンからの圧力（６％）
金融リスク（６％）	為替、価格、株価変動
災害リスク（５％）	地震、火災、豪雨他の災害リスク

図表3－7　株価下落の主な要因（企業数）

〈フォーチュン1,000社のうち10%程度の企業が、1カ月で25%以上の大幅な株価下落に見舞われた。〉

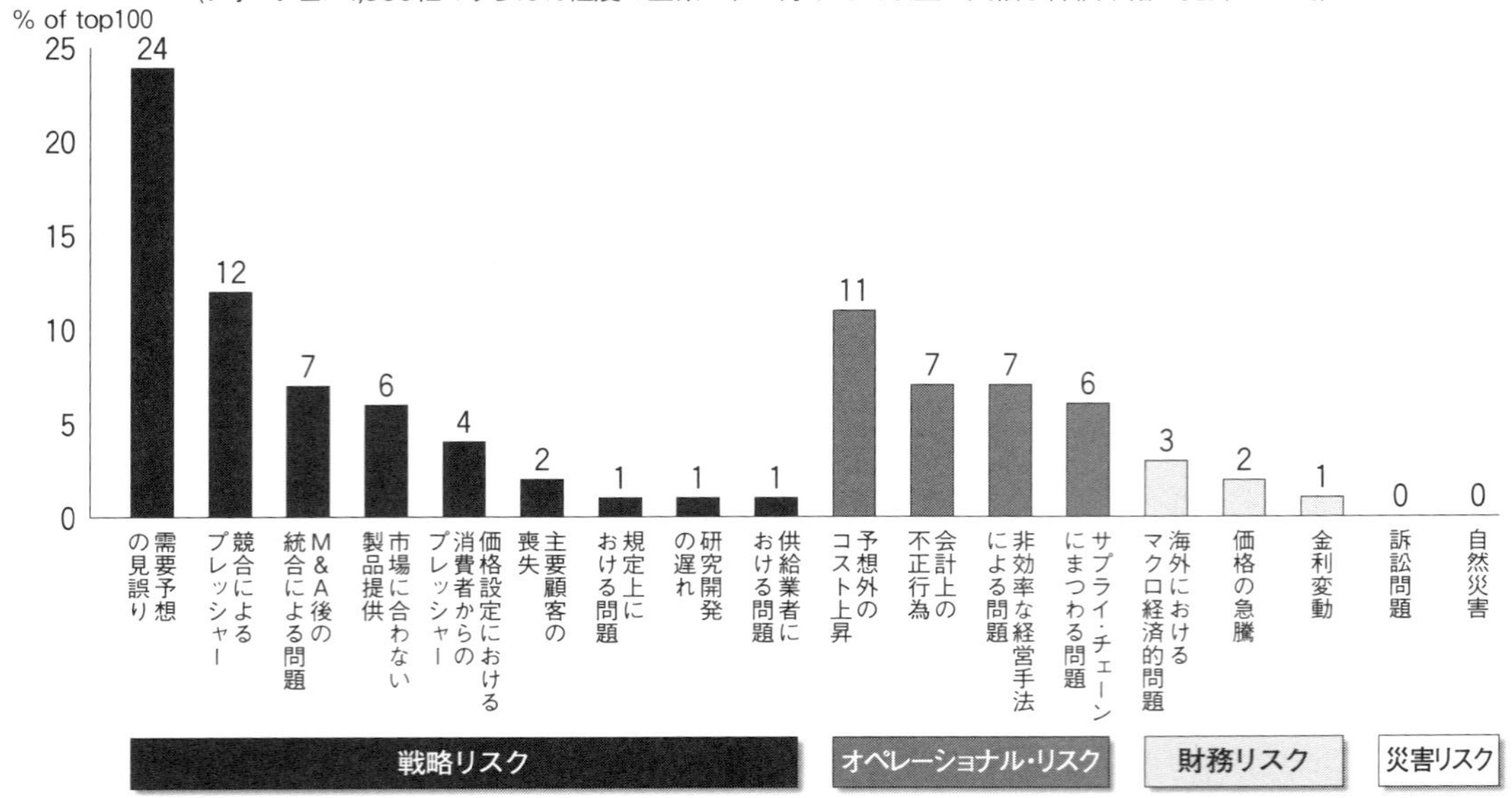

（出典）1993年から1998年にかけて行われたマーサー・マネジメント・コンサルティングによる調査結果。
（注記）このほかにも株価下落の要因として５つあるが、ここでは記載されていない。

大リスクが示されている。

　これらの図表は、企業価値に影響を最も与えるのが戦略リスクであり、その内訳は外部的要因としての需要の減退と競合他社からのプレッシャーなどがあることを示している。これらの要因が同時に企業に影響を与え、企業倫理がまともに機能しなくなることが考えられる。たとえば、競争上の圧力（これは戦略リスクの一つといえる）が社員の不正の動機になり、不正会計を生じさせたり、商品の偽装表示を働かせたりする例がそれである。またこうした行動を誘発させる要因として、企業トップの姿勢、経営方針、好ましくない企業体質、風土が存在している(8)。したがって、企業価値最適化の問題を論じる場合、四大リスク以外に倫理リスクへの対応、倫理リスクのマネジメントが重要となる。

　図表3－8は先に見た事例分析を基に、企業倫理リ

図表3－8　倫理リスク発生までに関わる主要要因

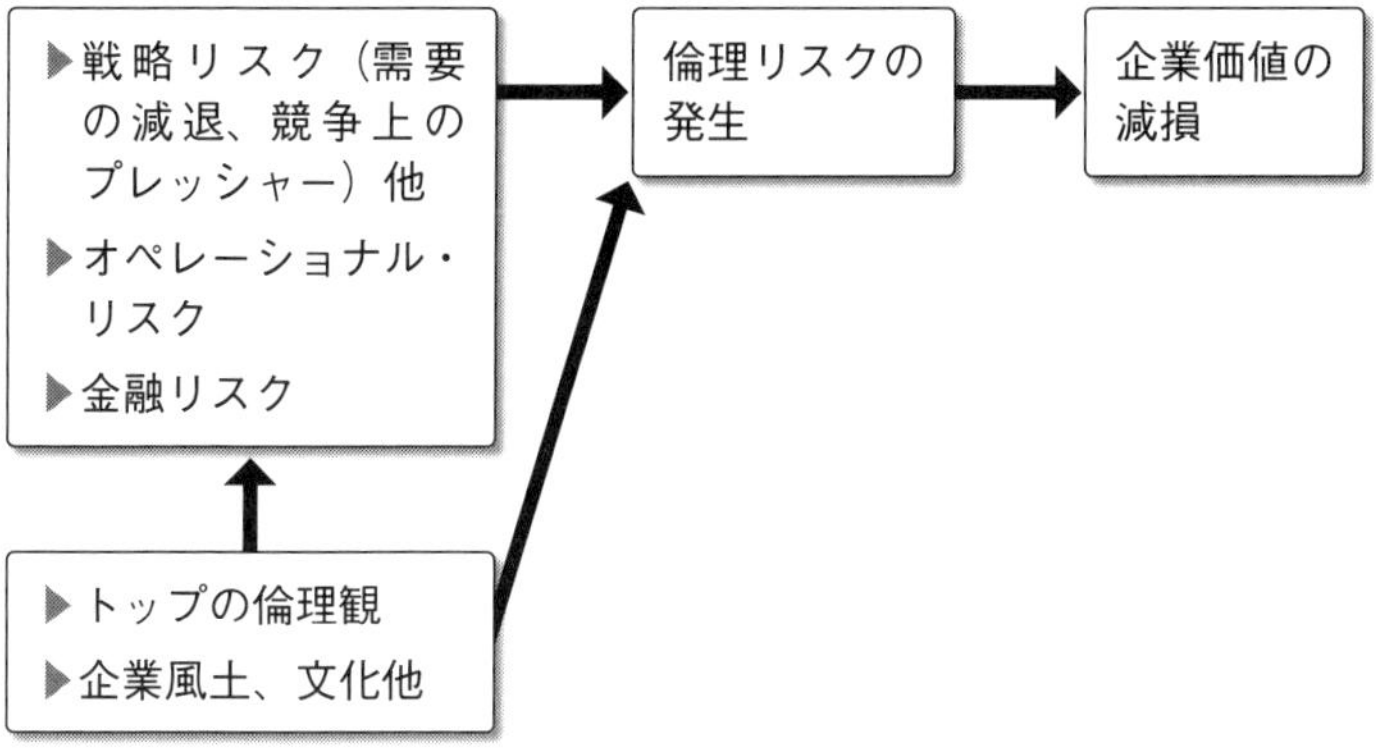

スクが生じるまでの主な要因とその過程を示したものである。クレッシーの理論は不正そのものの発生原因を捉えたものであるが、企業経営との関連では、経営者の倫理観や経営姿勢、企業体質、企業文化、社員への倫理教育などが重要となることが分かる。

注

（1）赤松［二〇一二］一二三-一二四頁。
（2）独立行政法人情報処理推進機構［二〇一二］一〇頁。
（3）〈note.chiebukuro.yahoo.co.jp/detail/n57098〉
（4）赤松［二〇一二］一二九-一三〇頁参照。
（5）ディークエスト、日本公認不正検査士協会編、八田監修［二〇一一］一四四-一五六頁。
（6）同上書、二〇〇-二一二頁。
（7）『読売新聞』二〇一四年四月二六日、二九日朝刊。
（8）企業の不祥事の原因に関する次の二つの調査結果では、いずれも主要原因として、企業トップの法令意識や倫理観、好ましくない企業風土、体質が上位に指摘されている。
経済同友会［二〇〇六］三頁。一位：経営者のコンプライアンスに関する意識やリーダーシップの欠如等六八・九％（経営者）、二位：暗に不正を助長するような風土、営利・業績第一主義等五六・二％（社内体質）、会員所属企業およびそれ以外の東証一、二部上場企業対象の調査（二、六九七社依頼、回答数五二一社回答率一九・三％。
経済広報センター［二〇一三］二七頁では、企業不祥事の原因として考えられる上位の原因は、「企業の管理（社員の教育不足やコンプライアンス管理の不徹底など）に問題がある」（六九％）と「経営者の姿勢（倫理観）や経営方針に問題がある」（六五％）がそれぞれ六割を超えている（調査対象：三、一五〇人、調査方法：インターネットによる回答選択方式および自由記述方式、調査期間：二〇一二年一二月六日～一二月一七日、有効回答：一、九四四人（六一・七％））。

第4章　倫理リスクの効果的マネジメント

1　効果的倫理リスクマネジメントのアプローチ

本章では、企業の利害関係者への対応において、法律に反する企業行動はもとより、公正、誠実、責任の面において問題のある企業行動から生じる倫理リスクを、どういう方法やアプローチで管理するのが効果的かについて検討する。

倫理リスクマネジメント（以下、倫理ＲＭ）のアプローチには、法令違反の企業行動に対し、法律、業界ルールや社内ルールなどで、規制を加えることに主眼を置くアプローチ（ハード・コントロール型あるいはコンプライアンス重視型アプローチ）もあれば、企業の誠実性や、価値（組織の使命、価値を明確にし、社員の関与を促す）の共有をベースにするアプローチ（ソフト・コントロール型あるいは価値共有型アプローチ）などが考えられる。

前述の倫理リスクの定義やソニーとアサヒビールの商品の回収行動の事例（第1章参照）を見れば、後者の価値（組織の使命、価値を明確にし、社員の関与を促す）の共有をベースにするソフト・コントロール型、価値共有型アプローチの有効性が考えられる。もちろん、実際的にはその併用が考えられるが、ここでの論点は、両者のどちらにウエイトを置いたアプローチがより効果的かということである。最初に倫理ＲＭに関する興味深い調査結果について触れ、次に二つの倫理ＲＭのアプローチ法の概要を述べた後、その効果の比較結果他について検討する。

（1）　倫理リスクマネジメントのウェイトをどこに置くか
―トレビノほかの調査―

トレビノ（Trevino, L. K.）ら［一九九九］は、米国大手企業六社の社員一万人に対して、法令順守や倫理面の管理に関し、どのような要因の管理が有効か否かについて統計的調査を行い、社員からの反応をベースにした有効な倫理ＲＭの方向性を見出している。[1] その調査結果の一つは、倫理ＲＭには次の五つの方向性があるという点である。①法令順守をベースとする、②企業の誠実性または価値の共有をベースとする、③外部の利害関係者の満足をベースとする、④企業トップへの非難を防止する、⑤これらの組み合わせをベースとする。

第二の調査結果は、これら五つの倫理ＲＭアプローチのうち、最も社員からの反応が高かったアプローチ、言い換えれば最も効果的なアプローチは②の企業の誠実性または価値の共

図表4－1　コンプライアンス型と価値共有型アプローチの違いと効果

	(1) コンプライアンス型	(2) 価値共有型
考え方	外部から強制された基準に適合する	自ら選定した基準に従う
目　的	違法行為の防止	責任ある行為の実行
主導者	弁護士	経営者
方　法	法令順守基準の制定、訓練、伝達、違法行為の報告、調査の実施、法令順守状況の監視など	企業の使命や価値設定のリード、教育と伝達、企業システムとの統合、指導と相談の実施、企業使命状況の評価、問題の発見と解決、法令順守状況の監視など

（出典）Paine[1994]113頁を参考に筆者が作成。

有をベースとするものであった点である。第二位に高かったアプローチは①の法令順守をベースとするものであった。また⑤の複数のアプローチの組み合わせによる倫理ＲＭも効果的と思われるとしているが、最も効果的な倫理ＲＭの方向性は②の「企業の誠実性または価値の共有をベースとする」ものであった。[2]

ペイン（Paine, L. S.）［一九九四］では、すでに倫理ＲＭプログラムを「法令順守の強化をベースにするか」それとも「誠実性、価値（組織の使命、価値を明確にし、社員の関与を促す）をベースにするか」について見解を示し、両プログラムの違いと効果について検証している（図表４－１参照）。そこで導かれた結論は、「価値共有型の有効性と、このアプローチを組織に浸透させ、倫理的なカルチャーを創ることの有効性」であった[3]。

上記二つの研究の共通点は、倫理ＲＭプログラムの方向性を法令順守の強化よりも価値共有型に置くものである。図表４－１からも分かるように、コンプライアンス型はその考え方、目的、方法等において、法令順守基準の制定からその監視に至るまで、すべて法令との関連での管理となる。

一方、価値共有型は責任ある行動をするために自主的に決めた基準ベースで動き、企業使命、教育、伝達、相談等の多岐にわたる柔軟な対応による管理である。

こうした研究成果を一言でいえば、「企業行動の源泉である人間は、いかに法でその行動を締めつけても、何らかの原因、要因により不正を働くことがある。したがって、倫理ＲＭのウエイトはむしろ人間の方に目を向け、企業トップや社員がそうした行動をとりにくくなる規律、倫理観、企業文化などを作るべきではないか」ということになる。

一九九〇年代の企業トップの倫理観や誠実さ、企業文化などから倫理ＲＭを考える視点は、一九九二年のＣＯＳＯ内部統制枠組みの中の統制環境、二〇〇四年のＣＯＳＯＥＲＭ統合的枠組みの中の内部環境において重視されてきた要因である。しかし、前述したように、ここ数年の企業不正の原因・背景をみると、企業トップの倫理観や誠実さ、企業文化などの視点は、今後ますます注目されなければならないアプローチであり要因である。

図表4－2　ハード・コントロールとソフト・コントロールによる倫理リスクのコントロール

	(1) ハード・コントロール	(2) ソフト・コントロール
重視事項	マニュアル、チェックリスト、規制、手順、手続き、書面による承認、稟議書、照合など	誠実性、倫理観、リーダーシップ、経営哲学、リレーションシップの構築などの無形（資産）
特　　徴	有形、客観的、検証容易	無形、主観的、検証困難
例	倫理綱領や関連する手順が文書化されている	社員が倫理綱領や手順を本当に守っているかどうかを把握する手段
内部統制との関係	経営者の命令および指示が適切に実施されるための方針や手続きなどの統制活動	統制（内部）環境の中の「誠実性および倫理観」、「経営者の意向および姿勢」の文書化できない主観的要素

（出典）State of Michigan Office of Financial Management［1999］pp.1-17.および山本［2006］を参考に筆者が作成。

ところで、ミシガン州の州当局の資料によれば、企業の誠実さや倫理観、利害関係者との関係に重きを置く統制をソフト・コントロールとしている[4]。一方、ハード・コントロールとは、同当局の見解では、システム、プロセス、手順、規制、マニュアル、チェックリストなど、有形で目に見えるものによる統制である。前述の倫理RMに関するコンプライアンス型と価値共有型アプローチの二つのアプローチは、それぞれハード・コントロールとソフト・コントロールに近い概念である。

図表4－2は、倫理リスクをコントロールするための、ハード・コン

トロールとソフト・コントロールの特徴を比較したものである。これらが、前述したコンプライアンス型と価値共有型アプローチの概念によく似ていることが分かる。

（2） 価値重視型およびソフト・コントロール重視型の倫理リスクマネジメントはなぜ有効か

価値重視型およびソフト・コントロール重視型の倫理RMがなぜ効果的なのかについては、トレビノほか［一九九九］やペイン［一九九四］の実証的研究成果から見ても分かるが、さらに筆者は下記の二点を追加したい。

第一はすでに示した調査結果からも明らかなように、不正の第一原因は「企業トップの倫理観」や「企業風土」にある点から、トップの倫理観や企業体質の改善を重視するソフト・コントロールが重要であるという点である。

第二は第3章で検討したクレッシーが提唱した「不正のトライアングル理論」からくるものである。すでに検討したようにクレッシーは調査結果に基づき、不正が発生する条件として次の三要因を指摘し、これら三つが揃ったときに、不正が働くとしている。

① 不正行為の動機付け・プレッシャー（不正を犯したくなる状況に置かれる）

例：利益の減少を招くような過度の競争、同業他社と比較し、急激な成長または異常な高収益が見られるなど。(5)

② 不正行為の機会（不正をしようと思えばいつでもできる状況にある）

例：経営が一人または少数の者により支配され統制がない、従業員の転出入率が高くなっていたり、十分な能力を持たない経理、内部監査またはＩＴの担当者を採用しているなど。

③ 不正行為の正当化（言い訳できる状況にある）

例：経営者が、経営理念や企業倫理の伝達・実践を効果的に行っていない、または不適切な経営理念や企業倫理が伝達されている、経営者が株価や利益動向を維持したり、増大させることに過剰な関心を示しているなど。

これら三要因のうち①の動機付け・プレッシャーと③の正当化は倫理観や心理の主観的要素であり、不正をする人間や経営者の誠実さが問われるものである。②の機会は客観的要素である。「誠実性、倫理観、リーダーシップ、経営哲学、リレーションシップの構築などの無形（資産）」を重視するソフト・コントロールに関する要因は、クレッシーのいう三要因の中の二つに関係しており、ソフト・コントロールの重要性を示している。ただ、機会という客観的要素も無視できず、②の機会をいかになくすか「不正がしづらい環境づくりをいかに構築するか」も重要な問題である。

上記二つの理由により、ハード・コントロールよりもソフト・コントロールの重要性がより高く、ソフト・コントロールによる倫理ＲＭが効果的なＲＭに結び付く。もちろん両アプローチの併用が実際的・現実的であるが、あくまでもそのポイントはソフト・コントロールであり、ソフト・コントロールによる企業体質、企業文化の変容のためのフレームワーク作りが肝心である。

2　ソフト・コントロールや価値共有型アプローチによる効果的倫理リスクマネジメントのポイント

ここではソフト・コントロールや価値共有型アプローチによる効果的倫理リスクマネジメントのポイントとして、次の四点を指摘する。

①　統制環境、特に企業トップの倫理観、経営姿勢
▼企業使命、企業理念の明示と伝達
▼企業トップの正しい姿勢の確立（トップのリーダーシップ[6]）
▼行動規範の明示と伝達

②　企業文化の再点検（次のような好ましくない企業文化の発見と是正[7]）
▼案件の細部に対する注意がおろそかになる

▼組織としての現状認識が甘くなる
▼反対意見が述べにくい土壌がある
▼無理な冒険を生む
▼意見の貸し借りが起こる
▼変化に富んだ新しい分野での判断に誤りが起こる
▼誤りの見直しが不充分になる
▼対人情報への信頼過多が問題となる
▼イエスマンが多くなる

③　適法か違法かのグレーゾーンへの対応[8]

▼法的にはどうか
▼公正の視点から問題はないか
▼決定が自分をどういう気分にさせるか
▼利害関係者は誰か
▼代替案は
▼重要な価値観を忘れていないか
▼家族、顧客、友達に進んで話したくなる事柄か

グレーゾーンへの対応に関して、ロールスロイス社の『グローバルビジネス倫理規範』（八－九頁）では、倫理的ジレンマの問題として、ここにあげたいくつかの質問事項を次のように取り上げている。

〈ロールスロイス社のグローバルビジネス倫理規範〉

職場で、明らかに正しい答えがなく、取るべき行動が分からない状況に直面することがあるかもしれません。このセクションでは、〈一部省略、筆者〉、倫理的なジレンマが存在する場合にそれを識別し、倫理的に適切な判断を下す方法を説明しています。

非倫理的行為または倫理的ジレンマを識別するには、以下のことを質問します。

▼これらの行為は合法、公正、誠実であるか
▼後で、自分自身についてどう感じるだろうか
▼この問題がメディアに報道されたら、どう見えるか
▼法廷でこれについて不安なく説明ができるか
▼自分の行為を家族や友人に知られることについて、どう思うか

周りの会話に耳をすましましょう。次のような言葉を聞いたり言ったりしていれば、倫理的ジレンマに直面している可能性があります。

▼「誰にも分からないよ」
▼「成果さえ挙げれば、方法は重要ではない」
▼「皆やってるのだから、大丈夫だろう」
▼「心配するな、ここではこうするのが普通なんだ」
▼「私は知りたくない」

さらに同社では、次のように具体的な対応の仕方について説明し、社員がはやく倫理的ジレンマから解き放たれる施策を準備しています。

私たちは、報復を恐れずにビジネス倫理に関する疑問や懸念を提起できる環境を整えることに尽力しています。職場で、違法行為を含め、非倫理的な行為を経験または目撃した場合には、報告する必要があります。これらの問題に関して、迷わずに支援を求めてください。長期にわたる深刻な結果につながりかねない倫理的な問題を無視するよりも、早期に疑問や懸念を提起する方が賢明です。

〈疑問および懸念〉

疑問や懸念がある場合、最初に上司に相談します。上司に相談した後、自分または上司から専門家（人事、法務、コンプライアンス、財務、健康・安全・環境など）に相談できます。上司に相談できない場合や、どこに支援を求めたらよいか分からない場合には、Rolls-Royce Ethics Line または地域の倫理担当幹部社員に相談することができます。

〈Rolls-Royce Ethics Line〉

Rolls-Royce Ethics Line では、次のことができます。

▼倫理的な問題について質問したり助言を求めたりする

▼倫理チームが問題を調査できるように、懸念を提起する

〈www.rolls-royce.com/ethicsline〉にログオンすれば、これらのことを行うことができます。これは独立して管理されているウェブサイトで、二四時間、週七日利用でき、複数の言語で記述されています。このウェブサイトには、オンライン フォームへの記入または電話によって疑問や懸念を提起する方法が記載されています。各国内の電話番号は、本規範の最後にも記載されています。

疑問や懸念は匿名で提起することもできますが、名前を記入すると疑問への回答や懸念事項のフォローアップに役立つ場合があります。すべての疑問と懸念は、倫理チームに送られ、そこで対処されます。匿名のままで提起することを選択した場合にも、倫理チームは外部ウェブサイトを通じて、提起者と匿名のままでコミュニケーションをとることができます。

さらに、倫理チームのメンバーに直接連絡することもできます。連絡先の詳細はビジ

ネス倫理イントラネットを参照してください。

　誠意をもって倫理的な懸念を提起した人に対する報復は許容されず、懲戒処分につながる場合があります。

④　企業内のリスク、倫理情報の伝達と理解

▼全員参加のリスク評価
▼好ましくない情報の下から上への伝達
▼ホットラインの設置
▼健全な倫理観の業績評価への反映

　以上の検討から分かるように、ソフト・アプローチによる倫理ＲＭ手段は、企業トップの倫理観やリーダーシップ、企業文化の見直し、グレーゾーンへの対応、企業内の倫理リスク情報の共有など多岐にわたる。こうした方法が、潜んでいる倫理リスクや主観的な要素の多いソフト・アプローチによる倫理ＲＭのもつ問題点を軽減することになる。

3　ソフト・コントロール型倫理リスクマネジメントを志向する諸理論

ソフト・コントロール型倫理リスクのマネジメントでは、不正やグレーゾーンに関わる人の、特に心やモチベーションに焦点を合わせて、倫理リスク発生の最小化を図ると同時に社員のパフォーマンスを上げることに主眼を置いている。言い換えれば、悪いことや後ろめたいことを避けさせ、かつ社員の創造性や問題解決力をも上げることを志向しているが、こうした考え方と同種の理論に、「ブレイクアウト原則（Break out principle）」、「フロー理論（Flow theory）」と「幸福のマネジメント（Happiness management）」がある。次に、これらの考え方と企業での適用事例などを検討する。

(1)　ブレイクアウト原則とフロー理論

①　ブレイクアウト原則

ブレイクアウト原則を提唱したのは、ハーバード・メディカルスクール准教授のベンソン（Benson, H.）で、彼は次のように述べている。

「あなたにとってストレスは味方だろうか。あるいは敵だろうか。この問いに対する答えはどちらも正解といえる。適度なストレスはモチベーションを高め、生産性を向上させる。

過度なストレスは生産性を低下させ、時に心と体に害を及ぼす。マネジャーがストレスを上手にコントロールするテクニックを身につけることで、生産性のみならず、創造性や洞察力、問題解決力も高めることができる。それは、みずから率いるチームの部下たちにも応用することが可能で、組織全体に同様の効果をもたらすことができるのだ。[9]」

ベンソンが言っているのは、ストレスを適度に保つことにより、社員の生産性、創造性、洞察力、問題解決力をあげうるのであり、マネジャーはこの方法をマスターすることで組織全体の価値を向上できるというものである。

倫理リスクの発生要因に関するクレッシーの三要因の一つに、「動機・プレッシャー」要因があることについてはすでに検討した。過度のプレッシャーは社員に悪いストレスを生じさせるとともに、不正などの倫理リスクを生む一要因にもなる。ベンソンはそのストレスを適度に保ちながら、社員の生産性、創造性、洞察力、問題解決力をあげるといっている。

この原則のもとになっているのは、第3章で検討した一〇〇年以上前の心理学者、ヤーキーズ・ドッドソンの法則である。この法則では、ストレス・レベルが高すぎても、低すぎても生産性は落ちるということが分かっている。こうした法則などからいえることは、企業は社員との関係において、いかにして良いストレスをできるだけ築くかということを考えるこ

図表4－3　ベンソンのブレイクアウト原則の特徴と方法

段　階	特　徴	方　法
第一段階（苦闘）：困難な問題との苦闘	▶積極的・集中的に問題に取り組む	▶ある一定までのストレス期間が必要
第二段階（解放）：苦闘していた問題から一気に心を解き放つ	▶従来の精神的パターンを断ち切ること ▶リラクゼーション反応	▶黙考、鑑賞、シャワー、散髪、ジョギング、散歩、一人でゴルフ、森の中を歩き回る、利他的行動
第三段階（ブレイクアウト、フロー、ゾーン）	▶突然のアイディア、解決策がひらめく ▶完全に没頭し、無意識のままスムーズに動ける	▶問題を無視、気持ちを落ち着かせるなど、第二段階での人に合う様々な方法がある
第四段階：自信や充足感を感じるニューノーマルな心身パターン	▶業績、洞察力がブレイクアウト前より高くなる ▶ブレイクアウトの経験により信念が強くなる	▶習得することにより、ブレイクアウトを習慣化する

（出典）ベンソン（訳書）［2006］を参考に筆者が作成。

とが、倫理リスクのマネジメントと同時に生産性向上に役立つという点である。

ブレイクアウト（break out）とは、『リーダーズ英和辞書』（研究社）では「突発する」、「突然出る」という意味とともに、従前よりも、より良い結果を意味する「突然の増加、前進、上昇をもたらす」、「予期せぬ成功をもたらす」という意味がある。

プレッシャー・レベルを過度のプレッシャーにしないで，適度のプレッシャーに保ち，そこから，このブレイクアウトを生み出し，「予期せぬ創造的なアイディアや問題解決の方法を生み出す」というプロセスであり，ベンソンはそれには四つの段階があるという。

この原則のポイントは，第一段階での，ある一定までのストレス期間が必要で，この期間に集中的に問題に取り組む苦闘があり，次に，それを，図表4－3に示したいくつかの手段で一気に心を解き放つことで，第三段階のブレイクアウトを迎えるという点だといえる。

倫理リスクの発生要因の一つが過度のプレッシャーであり，ある一定レベルまでのストレス期間が（ベンソンはそれを苦闘（struggle）といっている），次の第二段階である「解放」にいくまでの前提である。この第一の段階で，社員がそのストレスを過度のストレスと感じたら，倫理リスクが生じる確率が高まる。つまりストレス・レベルが適度か過度かの見極めがマネジャーに必要となる。

ベンソンによればブレイクアウトとは，「フロー（flow）」あるいは「ゾーンに入る」ともいう[10]。図表4－3の第三段階では，「フロー」，「ゾーン」という表記がある。

②　フロー理論

この「フロー」の研究者の第一人者であるチクセントミハイ（Csikszentmihalyi）（もとシカ

ゴ大学心理学教授）によれば、「フロー」とは「無我夢中で何かに取り組んでいるときの意識状態で、単なる集中以上に、それを体験した人に何か特別なことが起こったと感じさせる、心と体が自然に作用しあう調和のとれた経験、最適経験、楽しむこととも関係している」といっている。(11) 分かりやすくいえば、フローとは「人間にとって最も生産性の高い幸福感に満ちた精神状態」のことである。(12)

チクセントミハイは、フロー体験をビジネスの分野にも適応し、「仕事もできるだけ楽しくする方法、成功とともに、仲間や従業員また顧客にも信用されたいと思っているビジネスリーダーの責任とは何か」について検討している。(13)

チクセントミハイは、フローな状態になるための条件として、概略、次のものを上げている。(14)

1） 組織の目標を明確にすること

特にソフト・コントロール型の倫理リスクマネジメントでは、社員と経営者間の価値観の共有を重視しているが、それを具体的に示すことができるのは、社員と経営者間の企業ビジョンや理念、使命の共有・共感である。企業ビジョンや理念、使命の共有・共感を通じて、両者間に信頼感が生まれることが、倫理リスクの発生を防ぎ、かつ目標達成の動機を強める。

第2章の事例では、日本交通技術社の不正リベート供与の検討をしたが、リベートの提供を相手側から要求されても、同社の現場担当者がはっきりと断り、経営者もそれを支持してくれるという両者間の信頼があれば、企業価値を守れたといえる。

2) 社員に自由と責任を付与すること（信頼と自立性を軸としている）

社員には目標を達成するのに必要なスキルが必要であるが、さらに、フローを生むには社員に権限を委譲することが重要である。仕事の仕方において、それが拘束的に社員をコントロールするものではなく、仕事の遂行方法に選択の幅があり、最善の方法を見つけられるチャンスを社員に提供することが信用と新たなアイディアを生み出す。

新しい技術が導入され、仕事の仕方に変化が生じる場合も、この新技術は仕事の楽しみにどのように影響するのかという視点を、経営者、上司が持つことがフローにつながる一要因である。

3) 挑戦（目標）とスキルのバランス、二つがその人にとり比較的レベルの高いものであること

スキルとは技術的なスキルのみではなく、たとえば価値観、感情、ユーモア、思いやりな

どを含む能力全体を意味する。人材雇用の面での「求職者は組織の目標と価値観にふさわしい人かどうか」を問うことも重要である。

挑戦目標とスキルのバランスが取れない状況が生じることもある。たとえば、私生活面での変化（家の購買、結婚ほか）により、精神エネルギーが当該仕事に向けられない状況が生まれることなどがその例である。賢明な上司は、そうした状況が一時的か基本的な面かを普段のコミュニケーションから推察し、適切な配置転換をすることがフローへの道を作る。

先に示したスキルのうち、ユーモアについて、採用時に応募者にユーモアセンスの資質があるかどうかを重視している会社がある。アメリカの格安航空会社の老舗で、約半世紀近い歴史のあるサウスウエスト航空である。

〈サウスウエスト航空のケース〉

サウスウエスト航空は一九七一年に運行を開始し、ダラス市を本拠地とし、二〇一〇年時点で約三四、〇〇〇人の従業員がいる。保有機数五四八機はすべてボーイング七三七型であり、同一機種を三〇〇機保有している会社は世界でここだけである。このことがコスト削減に大いに貢献している。

二〇一〇年時点での同社の売上は一二一億四〇〇〇万USドル、レイオフの数が極めて少ない会社であり（離職率は七％以下で、米国航空業界で最も低い部類に入る）、輸送実績も米国最大手のユナイテッド・コンチネンタルの二倍以上ある。二〇一一年の純利益も大手五社で唯一、一億ドルを超えている。スイスの航空格付会社から「世界で最も安全な航空会社」の一〇社のうちの一社にも選ばれている[15]。

サウスウエスト航空の企業理念・企業ポリシーは、「従業員の満足第一主義、顧客第二主義」である。この理念の背景には、「従業員を満足させることで、従業員が顧客に最高の満足を提供することができる」、「従業員が大切にされていると感じた時、信頼が生まれ、同僚や会社を信頼し、それが発展の原動力」であるという経営哲学による[16]。

サウスウエスト航空が採用にあたり、ユーモアセンスを重視しているのは、きつい仕事や競争によるストレスが乗客や同僚に向けられることにより、同社の先にみた企業文化が脅かされることを恐れているからである。物事にこだわらないユーモアセンスのある資質は、入社してからでは教えられない。適材を雇うことが重要という考えである。言い換えればストレスマネジメントの一環として、こうした人材採用方針がとられている。人材戦略は個人の能力よりも、チーム全体での成果に焦点を合わせている。業務と私生活のバランスを維持したうえで、従業員の家族的なつながりを重視している。

こうした会社のビジョン、採用方針、ストレスマネジメント、そして、次のような戦略により、企業価値を向上させている。機材統一（訓練統一化、整備マニュアル統一、補修部品在庫の軽減）、座席クラスの統一（サービスの単純化、チェックイン簡素化、座席の事前予約なし、カードの番号順に機内に入る）、定時発着の励行（全社員の協力、信頼がベースにある）、折り返し作業時間の短縮（全米平均四五分、サウスウエスト一五－二〇分）。

4）客観的で公正な評価の存在つまり明確なフィードバックがあること

社員が、仕事の成果を迅速で具体的なフィードバックにより知ることにより、学習と成長の機会が生まれる。他者からのフィードバックの担手として上司がいるが、過剰管理につながるような事細かいフィードバックになると、相手社員のモチベーション、学習意欲が阻害され、ここに倫理リスクの発生源の一つであるプレッシャー、正当化が生まれる要素となる。フィードバックには仕事自体からのフィードバックもある。仕事固有の成果の尺度を示すことにより、組織全体の中での社員の仕事の進捗状況が分かれば、多くの場合、組織全体にとり魅力的なフィードバックとなる。そのためには、各社員の仕事が組織全体の目標達成にどのように役立っているのかを示して理解を得ておく必要がある。

第1章で検討した稲盛の京セラでは、経営トップや各部門のリーダーが、すばやく、かつ正確に経営判断を行うために、いまの経営状態を「ありのまま」の姿で、正確かつタイムリーに把握するための経営情報のフィードバックシステムを構築している[17]。ただチクセントミハイも指摘しているように、それが過剰管理につながるような事細かいフィードバックになると倫理リスクを生む可能性を上げる。

また、フィードバックは仲間からのそれも大切であり、社員が能力や独自性を発揮したときに、それを理解してくれる「顔の見える仲間」の存在も重要である。個々人の力が想像以上に発揮されたとき、仲間を含む組織全体の「賞賛」がない場合、社員のモチベーションは下がり、転職などの組織にとり好ましくない状況に至ることがある。

このチクセントミハイの指摘は重要であり、第1章で検討した京セラでも、アメーバ経営による成果を報酬に連動させず、仲間からの賞賛と感謝にあてている。

5）公共の利益や社会的価値の創造に寄与しているという誇りや満足感が存在していること

会社が社員の協力により生み出す商品やサービスが、公共の利益や社会的価値の創造に寄与していると社員が確信するとき、社員は安心して自分の心理的エネルギーを仕事に投入することができる。したがって、会社（組織）は倫理的な態度をもって、利害関係者に接することができるし、社員の満足感や彼・彼女からの協力が得られる。社会的諸問題の解決に寄与する商品やサービスの提供（ソーシャル・ビジネス）は、こうした面で優位性をもっている。
この要因は「世のため、社会のために働く」という内発的動機、言い換えれば、何かに参加したり、何かを行うのはそれ自体が好きだからであり、将来得られる報酬や利益を期待して行うのではないということとも関連している。

> 6）金銭などの外発的報酬だけではなく、教育、訓練、キャリアプランニングなど、内発的報酬の獲得に結びつく用意があること

外発的報酬の典型は成果主義であるが、近年では成果主義の見直しがいくつかの企業で行われている。それは内発的報酬を整え、従業員満足度（ＥＳ）を高め、それがひいては顧客満足（ＣＳ）に結びつくという思考である。たとえば、花王、リコー（営業支援人数を増やし、仕事とプライベートの両立をしやすくした）などがその例である。

〈花王の事例〉

花王では、国内市場が飽和していることから、海外市場の重要性がこれまで以上に高まっており、海外における優秀人材の確保、次世代リーダーの育成が最重要課題となっている。
こうした状況の中で、組織の成長とともに個人の成長を支援していくために、「花王が求め

る人材像」を次のように掲げている。

■花王が求める人材像

一、チャレンジを続けられる人材

二、高い専門性を持った人材

三、国際感覚豊かな人材

四、チームワークを大切にして、協働で成果をあげる人材

五、高い倫理観を持った人材

また、グローバル競争力の維持・向上を目指すために、公正な人事・処遇制度に加え、キャリアパスや成長機会の提供などといった賃金報酬以外のインセンティブで優秀人材を繋ぎ止め、モチベーションを向上させる施策が必要不可欠となっている。

そこで、各国の多様な人材をまとめ、求心力を高める施策の一つとして花王の価値観・哲学（「花王ウェイ」）（図表４－４参照）を策定するとともに、各部門・関係会社も含めた浸透に向けて、専門部署を設置し、「花王ウェイ・ワークショップ（研修）」を通じて価値観の共有・組織力の向上に取り組んでいる(18)。

たとえば、企業行動指針「花王 ビジネス コンダクト ガイドライン」を制定、各国の特性や事例を踏まえた研修を実施して、世界各国のグループ社員への浸透を図っている。同時に、

法令や倫理に反するおそれがある行為について、社員が通報・相談できる「相談窓口」をグループ全社に設け、社員が疑問を解決し、安心して責任ある行動ができるようサポートしている。

花王のホームページおよび同社研究員である工藤のｗｅｂでは、花王の過去の問題発生を振り返り、次のような記述がある。

「花王で以前、化粧品の押し込み販売という不祥事があった。どこのメディアに知られたわけでもないが、当時社長だった後藤は、月末に無理に押し込んでつくった売り上げは本来の業績ではないから、東京証券取引所に対して発表しようと決断した。

発表当日から翌日の明け方まで電話がひっきりなしに鳴り、お叱りを受けたが、法に照らして違反をしたわけではない。結果

図表4－4　花王ウェイ（基本理念）

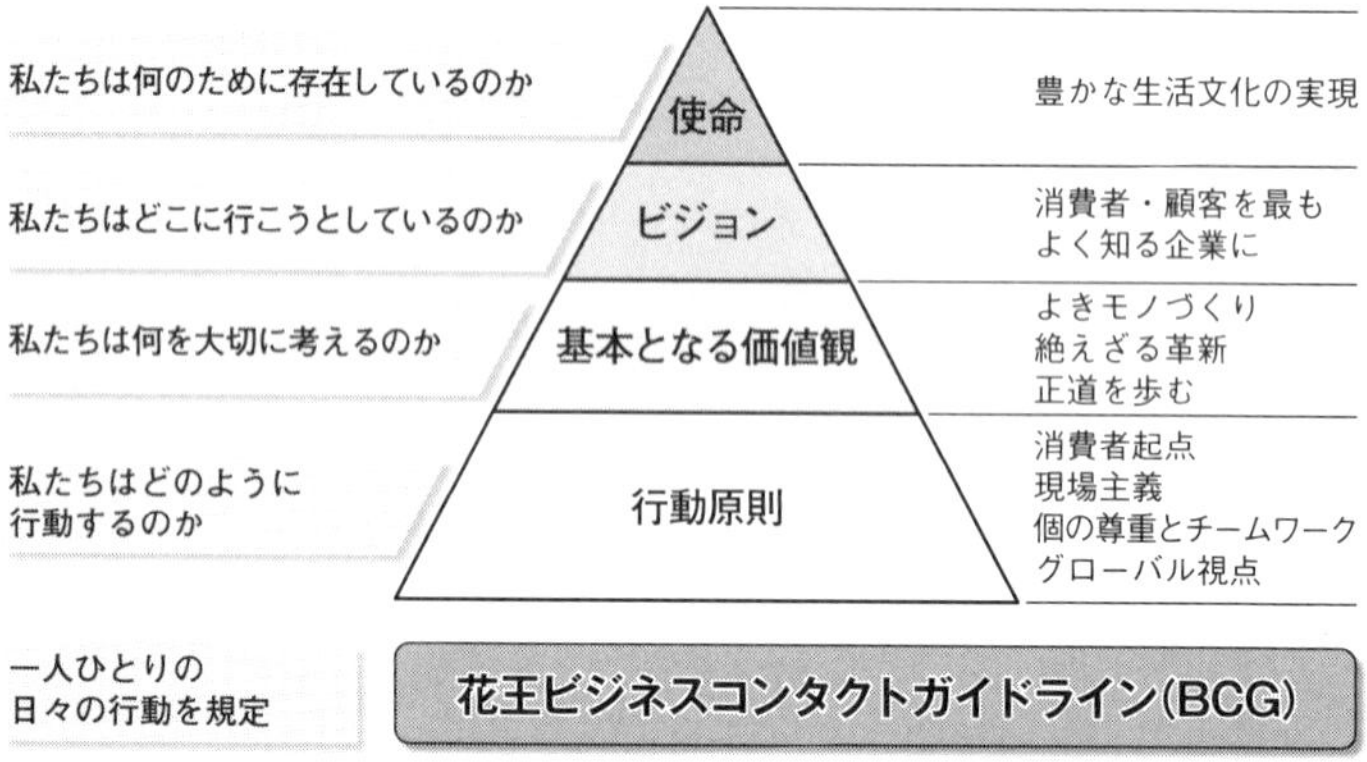

（注）1995年制定の「基本理念」を改訂、グローバル理念として2004年制定。
（出典）花王［2004］。

的に一週間から一〇日もするとマイナス情報を自発的に開示したことに対する評価のほうが高くなった。この出来事は、「花王ウェイ」の「正道を歩む」という言葉の重要性を再認識する機会となった。」

「花王ウェイ」の「使命」「ビジョン」（次記参照）には、何も特別な言葉はない。しかし、企業の存在価値が厳しく問われる今日、「花王ウェイ」はステークホルダーとのコミュニケーションを通じてレピュテーションの向上を目指す花王の広報戦略の中核として徹底され、機能している。[19]

〈花王ウェイの使命・ビジョン〉

▼企業使命

私たちは、消費者・顧客の立場にたって、心をこめた〝よきモノづくり〟を行ない、世界の人々の喜びと満足のある豊かな生活文化を実現するとともに、社会のサステナビリティ（持続可能性）に貢献することを使命とします。この使命のもと、私たちは全員の熱意と力を合わせ、清潔で美しくすこやかな暮らしに役立つ商品と、産業界の発展に寄与する工業用製品の分野において、消費者・顧客と共に感動を分かち合う価値ある商品とブランドを提供します。

▼ビジョン
私たちは、それぞれの市場で消費者・顧客を最もよく知る企業となることをグローバルにめざし、すべてのステークホルダーの支持と信頼を獲得します。

花王は、米国のシンクタンク「エシスフィア・インスティテュート（Ethisphere Institute）」が発表した「世界で最も倫理的な企業（World's Most Ethical Companies）二〇一四」に選定されている。二〇〇七年の初回以来、八年連続の選定であり、八年連続の選定は日本企業では唯一となる。

「世界で最も倫理的な企業」と企業業績との関連は第5章で検討するが、全世界一〇〇カ国以上、三六業種の企業が評価に参加し、過去最多の企業の中から最終的に一四五社が選定された。八年連続での選定はグローバル企業でも少数に限られている。

③ 幸福感のマネジメントからのアプローチ

幸福感を抱く社員は、そうでない人と比べて長期にわたり高いパフォーマンスを上げることができるという視点からの研究が最近行われている。倫理リスクの効果的なマネジメントを追求する本書との関連では、幸福感を抱く社員は倫理リスクの動機・プレッシャーを作りにくく、かつその正当化もないだろうと考えられる。さらには、そうした幸福感を抱く社員のパフォーマンスが高いとなると、企業にとってまさに好ましい状態といえる。

先に検討したフロー理論の権威であるチクセントミハイも、「good businessとは、単に利益を生み出すだけのものではない。むしろそれはbad businessとは反対に、人間の幸福に役立つ仕事のことをいっている」と述べているように、幸福に役立つビジネスを追求することこそが、幸福と成長をもたらすといえる。

「幸福感を抱く社員は、そうでない人と比べて長期にわたり高いパフォーマンスを上げることができる」という研究結果の一端を次に見てみよう[20]。

▼人生満足度が高い社員は、顧客からの高い評価を得る可能性が高い。

▼人生満足度が高い従業員が働いている小売店の店舗面積利益は、他店のそれよりも二一ドル高く、小売チェーン全体では利益が三、二〇〇万ドル増えている。

▼幸福感の高い社員の生産性は平均で三一％、売上は三七％、創造性は三倍という結果となった。

▼ソーシャルサポート（身近な人間関係における相互支援）を提供する頻度が極めて高い社員は、その値が下位の四分の一にある人たちと比較して、次の年に昇進する可能性が四〇％高く、仕事への満足度も有意に高く、また仕事への集中力は一〇倍高い。

図表4－5　東出・大久保による幸福度と他の要因との関係モデル

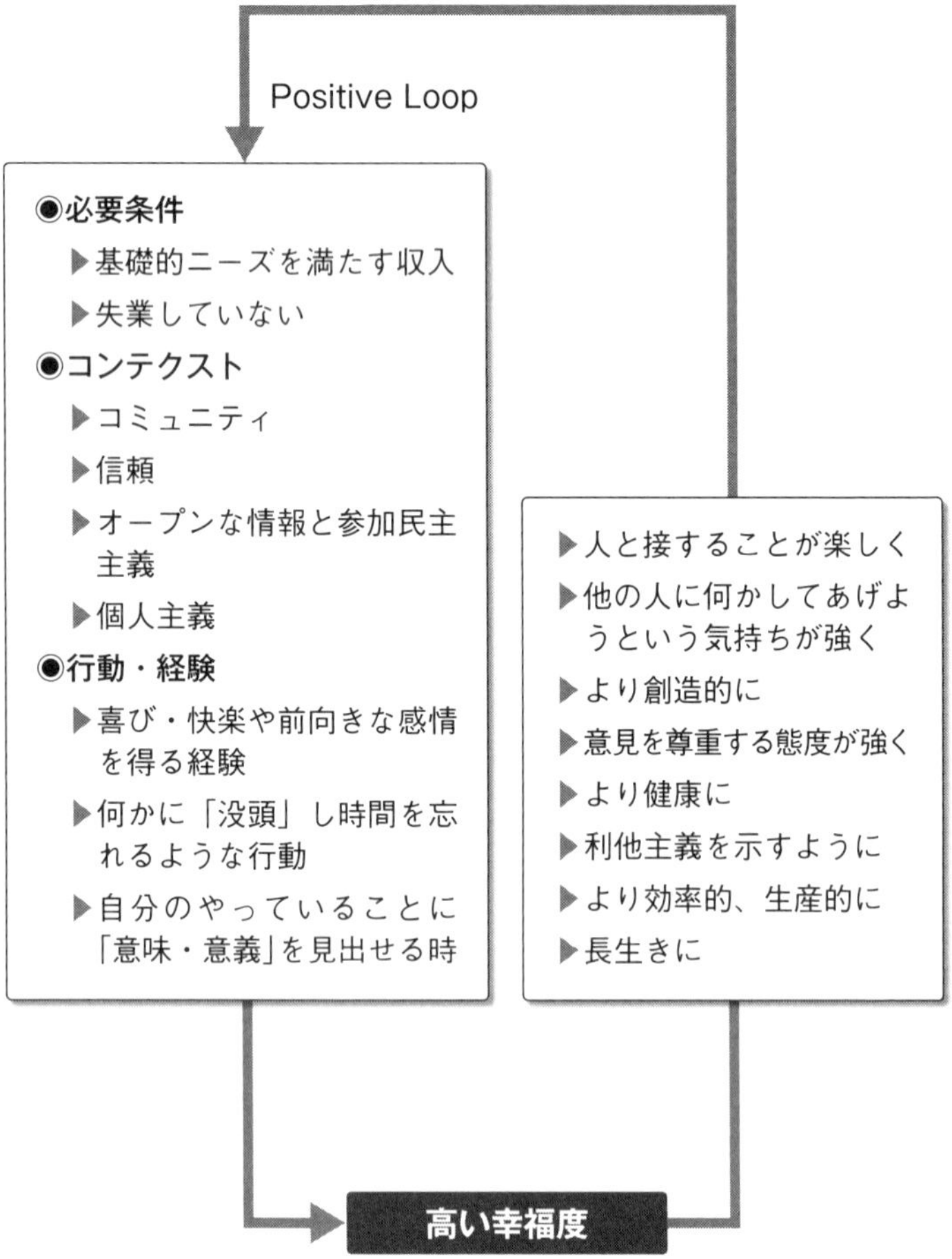
Positive Loop
◉必要条件
▶基礎的ニーズを満たす収入
▶失業していない
◉コンテクスト
▶コミュニティ
▶信頼
▶オープンな情報と参加民主主義
▶個人主義
◉行動・経験
▶喜び・快楽や前向きな感情を得る経験
▶何かに「没頭」し時間を忘れるような行動
▶自分のやっていることに「意味・意義」を見出せる時
▶人と接することが楽しく
▶他の人に何かしてあげようという気持ちが強く
▶より創造的に
▶意見を尊重する態度が強く
▶より健康に
▶利他主義を示すように
▶より効率的、生産的に
▶長生きに
高い幸福度

（出典）東出·大久保[2010] 8頁。

以上の数字はいずれも米国の企業の例であるが、日本でも東出と大久保が起業家（従業員の離職率が五％以内のベンチャー企業を対象としている）へのインタビューと質的分析をして、「美徳に裏付けされた経営が、幸せな成長企業を生む」ということを検討している。[21]そして図表4－5のようなモデルを示している。

図表4－5の右側は幸福感を抱く社員の持つ特性である。「利他主義、創造的、効率的、生産的、意見の尊重」などが、高いパフォーマンスに結びつく要因である。その前提として、図表の左側にある「信頼、オープンな情報、没頭、自分の仕事の意味や意義が見出せる」などの要因は、これまで検討したフロー理論や次に見るソーシャル・キャピタルと非常に関連している。

ここで「幸福の創造と拡大」を基本理念としている次の会社を、ケースとして検討してみよう。[22]

〈日本社宅サービスのケース〉

日本社宅サービスは、借上社宅や社有施設の事務管理、管理運営代行業務、転勤者サポート業務などを中心とする住宅制度全般のアウトソーシング事業を営む会社である。一九九八年に七人のメンバーと創立、二〇一三年六月期の売上は、二九億八、七〇〇万円であり、社員数は臨時社員平均一三〇人を含め二二八人である。

同社の代表取締役、笹晃弘は、かつてベンチャー企業で働き、年商はピーク時には一、〇〇〇億円あったが、ある日突然、会社更生法により破綻するという経験をしている。笹は同社起業にあたり、「ビジネスをしていくにあたり、お客様に最高の満足を実現するのはあたりまえであるが、それだけではなく、働いているメンバーの物心両面での幸福が果たされない会社には存在価値がないのではないか」と結論付けている。

そして次のような同社の基本理念を示している。「お客様に最高の満足と、集う人々の幸福の創造と拡大をし続け、夢の総和の実現をはかる」。そして、笹は、この経営理念の浸透を入社した当初から共有する努力をしている。社員採用の基準は能力よりも、会社の姿勢や理念に共感できる人物を採用しようとする姿勢が明確で、それは末端まで会社の理念が浸透する会社でありたいと願っているからである。

「集う人々の幸福の創造と拡大」の理念は、本書で検討している京セラの稲盛の企業理念と同じであり、「社員採用の基準は能力よりも、会社の姿勢や理念に共感できる人物を採用しようとする姿勢」は、サウスウエスト航空の企業文化に根差した採用時の価値観と同じである。

採用後も、経営理念と社員の思想・行動との突合せを行い、朝礼では役員と社員がともに唱和もしている。正社員として入社した社員が誰もやめないという企業になっている。採用後も社員との面談は行われ、会社に対する要求が折り合わない場合、同社が転職先を紹介し推薦も行う。一度仲間になった社員も大切にしている。

同社は、会社全体の経営の中で、個々の社員の果たすべき役割を見えるようにしている。新人社員の戦略化のために、やるべきタスクをリスト化、データ化、そして見える化している。新しいプロジェクトを始めるときは、笹は環境分析を行い、そのチャンスやリスクを数字化している。タスクをクリアした社員には、この先、自分はどう育っていきたいのかを考え、未来像を描いてもらい、それが実現できる成長機会を与えるようにしている。

ビジネス上の情報共有、特に顧客からの声や意見は必ず全社に配信し、それらの情報がサービスの改変や商品化につながるシステムになっている。こうした情報の共有は五人〜六人で構成されているプロジェクトで行われ、笹も月に四〇時間の経営会議に参加している。

会社を設立して間もないころ、売上が伸びているのに立て替え資金が調達できずに、倒産寸前に追い込まれたが、笹によれば、詳細は分からないが、この苦境も「誠意」により乗り越えている。むしろそういう経験により、会社として困ったことやトラブルを社員に公開することで、社員同士がそれを乗り切ろうとお互いの知恵や情報を出し合って持ち寄れるようになったことが、会社にも大きな転機になったという。

こうした苦境も笹の物心両面での幸福追求という経営哲学、このビジョンに基づいて採用された社員との情報共有、社員のモチベーション、リスク直視などにより乗り越え、過去七年間、売上高営業率が一〇%を下回ったことがない。

日本社宅サービスの経営理念である「お客様に最高の満足と、集う人々の幸福の創造と拡大をし続け、夢の総和の実現をはかる」は、すでに検討した稲盛和夫の京セラの経営理念である「全従業員の物心両面の幸福を追求すると同時に、人類、社会の進歩発展に貢献すること」と一部同じである。そして、そうした経営哲学や経営情報の社員との共有を図っている点も京セラと似ている。

倫理リスクの多くは、社員への様々な過度のプレッシャーから生じている。企業で社員が幸福感を感じられる状況をつくれば、かなりの倫理リスクは防げよう。また京セラの稲盛や日本社宅サービスの笹がそうであったように、「社員の幸せの追求」を企業理念、企業哲学として設定・共有することにより、破綻した企業を再生させた事例もある。ＪＡＬの二〇一〇年一月の経営破綻である。

次に検討する、このＪＡＬ再生に中心的役割を果たしたのが、京セラの稲盛であり、京セラの企業理念である「社員の物心両面の幸福の追求」、「社会の進歩発展に貢献」を、新ＪＡＬのフィロソフィとするとともに、京セラのアメーバ経営を航空業界に適応し、大成功を収めている。企業哲学だけで企業再生がなし得られたわけではないが、再生の大きな精神的バックボーンとなったのはまちがいがない。

〈社員の幸せの追求とアメーバ経営で再生したＪＡＬのケース〉[23]

ＪＡＬはこれまでの放漫経営により、二〇〇九年に一、三三七億円の営業利益での赤字を出し、二〇一〇年一月に破綻する。更生計画に基づき、支援機構（三、五〇〇億円）、銀行の債権放棄（五、二一五億円）、給与（平均三割カット）、企業年金（現役五割、ＯＢ三割カット）、人員一六、〇〇〇人削減、不採算路線（六一路線廃止）、航空機（六四機削減）などの計画が実施されていく。

破綻前のＪＡＬの常識は以下のようなものであった。「ナショナル・フラッグ・キャリアはつぶれない」、「メンテナンス部品はすべて新品」、「コストの必要性を吟味することなく、全体にかかる費用として認識」、「事業計画は経営企画本部が作り、実績とのずれに責任をどこもたない」、「運航、整備、客室、空港、営業、企画の六つの部門は交流がなく、まるで別会社であり、事業全体を俯瞰する視点がない」、「顧客のことよりもマニュアル主義」、「経営幹部と現場との間の大きな距離感」。

結果として、ＪＡＬでは次のような課題をもっていた。①価値観の共有がない、②現場の経営参画意識が乏しい、③経営と現場の距離感がある、④顧客視点がない、⑤現場のリーダーシップがない、⑥横のリーダーシップがない。

稲盛は二〇一〇年にJAL会長に就任し、以下のような対応をしていく。二〇一一年JAL企業理念（全社員の物心両面の幸福を追求し、お客様に最高のサービスを提供する。企業価値を高め、社会の進歩発展に貢献する）、JALフィロソフィ完成（四〇項目あり、結果的に九〇％は京セラのものに近い）。

二〇一一年四月には、JAL式アメーバ経営を本格導入する。部門別採算による意識改革、稲森の率先垂範とフィロソフィ教育、マニュアル主義の是正、顧客視点の実施などにより、破綻から一年四カ月後、更生計画を約一、二〇〇億円上回る過去最高益を出した。

JAL復元のカギは、下記の五つといわれているが、のちに本書で検討する復元力の構成要素がそれに含まれている。

① 衆目にさらされての再生（破綻の事実を全員が受け止め、悪い面を見つめなおす契機、後に検討するリスク直視要因である）

② 稲盛のリーダーシップと社内の共感（稲盛のリーダー教育による、経営幹部と現場との共感）

③ JALフィロソフィによる価値観の共有

④　アメーバ経営による部門別採算制度により、社員も自部門の収支を知り、アクションを起こした

⑤　ＪＡＬフィロソフィとＪＡＬ式アメーバ経営により、新しい価値観を学ぶ機会が得られ、それが自主的な行動に結びついた[24]（このことは復元力の要因である企業理念やビジョンの力、また新たな価値観により柔軟な対応力がついたのである）。

(2) ソーシャル・キャピタル論からのアプローチ

これまで検討してきたソフト・コントロールの概念は比較的最近の研究結果であるが、こうした諸概念と類似している概念としてソーシャル・キャピタル（Social Capital、以下必要に応じＳＣとする）がある。

ソーシャル・キャピタルの概念は、上記のソフト・コントロールの概念よりも歴史が古い。最近ではソーシャル・キャピタルと失業率、平均寿命などのマクロ経済的指標との関連がいわれているが、本節ではこの概念の概要を整理するとともに、リスクマネジメント（以下、ＲＭ）分野におけるリスク・コントロールとしての重要性などについて検討する。

① ソーシャル・キャピタルという言葉の概念[25]

ソーシャル・キャピタルを直訳すれば「社会資本」だが、これは電気、水道そして道路といった都市基盤のようなハードな資本（インフラストラクチャー）を意味する語として日本語で使われており、この分野の代表的研究者の一人であるパットナムによる「ソーシャル・キャピタル」の意味と異なる。そのため「社会関係資本」の語が使われることが多い。これは、人間関係の豊かさこそを社会の資本としてとらえるソフトな概念である。[26]

一九九三年、米国の政治学者パットナム（Putnam, R. D.）が『哲学する民主主義（*Making Democracy Work*）』の中で、イタリアの北部と南部で、州政府の統治効果に格差があるのは、ソーシャル・キャピタルの蓄積の違いによるものだと指摘した。

これがきっかけとなり、同書での「ソーシャル・キャピタルとは、人々の協調行動を活発にすることによって、社会の効率性を高めることのできる、「信頼」「規範」「ネットワーク」といった社会的仕組みの特徴である」とする定義が広く理解されるに至った。

ソーシャル・キャピタルの概念を端的にいえば、「社会問題に関わっていく自発的団体の多様さ」「社会全体の人間関係の豊かさ」を意味するといえる。あるいは地域力、社会の結束力と言ってもよい。多くの友人と付き合うか、地域のスポーツクラブのような組織に属しているか、公の問題を討議できる団体に入っているか、近所の人と雑談するかなど「顔の見える付き合い」すべてを指すといってもいい。

パットナム以前にも、次に見るように「信頼」「規範」「ネットワーク」などの重要性を指摘する研究はあった。ＳＣの概念の発展を以下、簡単に振り返ってみよう。

②　ソーシャル・キャピタルの概念の発展

1）　パットナム以前

▼一九一六年、ハニファン（Hanifan, L. J.）は、コミュニティの発展のためには、善意、仲間意識、相互の共感、社会的交流が必要であり、そのための投資が必要と強調。

▼一九六一年、ジェイコムズ（Jacobs, J. B.）は、都市社会学的視点から近代的都市における隣人関係の社会的ネットワークをＳＣと表現し、その重要性を指摘。

▼一九七〇年代以降、個人のコネ、人脈、顔の広さなどの個人の人的資本などの個人に注目したＳＣの概念も出てくる。

2）　パットナムの研究：アメリカ社会の動きと問題をＳＣでとらえ、世界的ＳＣ研究の口火となる。

3）　パットナムの研究後：欧米、国際機関における研究（ＯＥＣＤ、世界銀行他）

▼ＯＥＣＤ［二〇〇一］の定義「規範や価値観を共有し、お互いを理解しているような人々

で構成されたネットワークで、集団内部または集団間の協力関係の増進に寄与するもの」、「グループ内部またはグループ間での協力を容易にする共通の規範や価値観、理解を伴ったネットワーク」。

▼世界銀行の定義「ＳＣは、社会における相互作用の質および量を形作る制度、関係、規範である。社会的結びつきは、経済的繁栄や持続可能な経済社会形成には欠くべからざるものである。ＳＣは社会を支える制度の集合体そのものではなく、それらをつなげて保持する糊として機能している[27]」

③　ソーシャル・キャピタルの機能

以上の各定義を散見していえることは、信頼、規範、ネットワークといったＳＣは人的資源であり、かつ無形資産である点、無形であるため、その測定には何らかの間接指標を用いて評価する必要がある点などがさしあたりあげられる。

ＳＣ概念とそれが対象とする事象をみると、たとえば「ＳＣと地域コミュニティ」、「ＳＣと社会問題」、「ＳＣがマクロ経済に果たす影響」、「ＳＣと公共政策との関係」などがあげられ、各領域では、ＳＣのもつ次のような機能がいくつかの文献で指摘されている。

▼ＳＣと地域の安全・治安改善（一般に正の相関関係[28]）

▼ＳＣと失業率（負の相関関係[29]）
▼ＳＣと出生率（正の関係[30]）
▼ＳＣと老人医療費（負の相関[31]）

こうした研究成果は企業経営にも大きな影響を与えるものである。

宮川・大守［二〇〇四］はＳＣとビジネスとの関係において、次のようにいい、ＳＣが企業経営に果たす能動的な機能を指摘している。

▼ＳＣは、準秘密情報の交換を通じて（情報交換や共同開発による知恵とアイディアの共有）、ビジネス・チャンスを拡大する。[32]
▼ＳＣは、企業のガバナンスに重要な役割を果たしうる。企業内部の人間関係や企業とその周辺との人間関係を、いかに円滑かつ生産性向上に資するような方向に向けていくかが、経営者の重要な責務になっている。最近のアメリカのエネルギー産業や日本の食品産業での不祥事は、近代的な会社法だけでは企業統治に不充分である可能性を示唆している。[33]
▼ＳＣは地域社会を個性的なものにし、それがビジネス・チャンスや地域文化の創出につながり得る。[34]

これまでの検討から分かるように、RM、内部統制の分野でいわれているソフト・コントロール、法律分野でのソフト・ロー（法による強制力はないが、違反すると経済的、道義的な不利をもたらす規範）、安全保障分野でのソフト・パワー（価値観や文化によって相手の心を引き寄せる力）、そして主に社会学、公共政策、マクロ経済などの分野でいわれているソーシャル・キャピタルの諸概念は、いずれも人と人の信頼、絆、信頼感のある人同士のネットワークなどの要因に焦点をあて、それらを醸成することにより社会や組織、企業の効率を上げようとするものである。

この関係を示したのが図表4－6である。

図表4－6　ソフト・コントロール、ソフト・ロー、ソフト・パワーそしてソーシャル・キャピタルとの関係

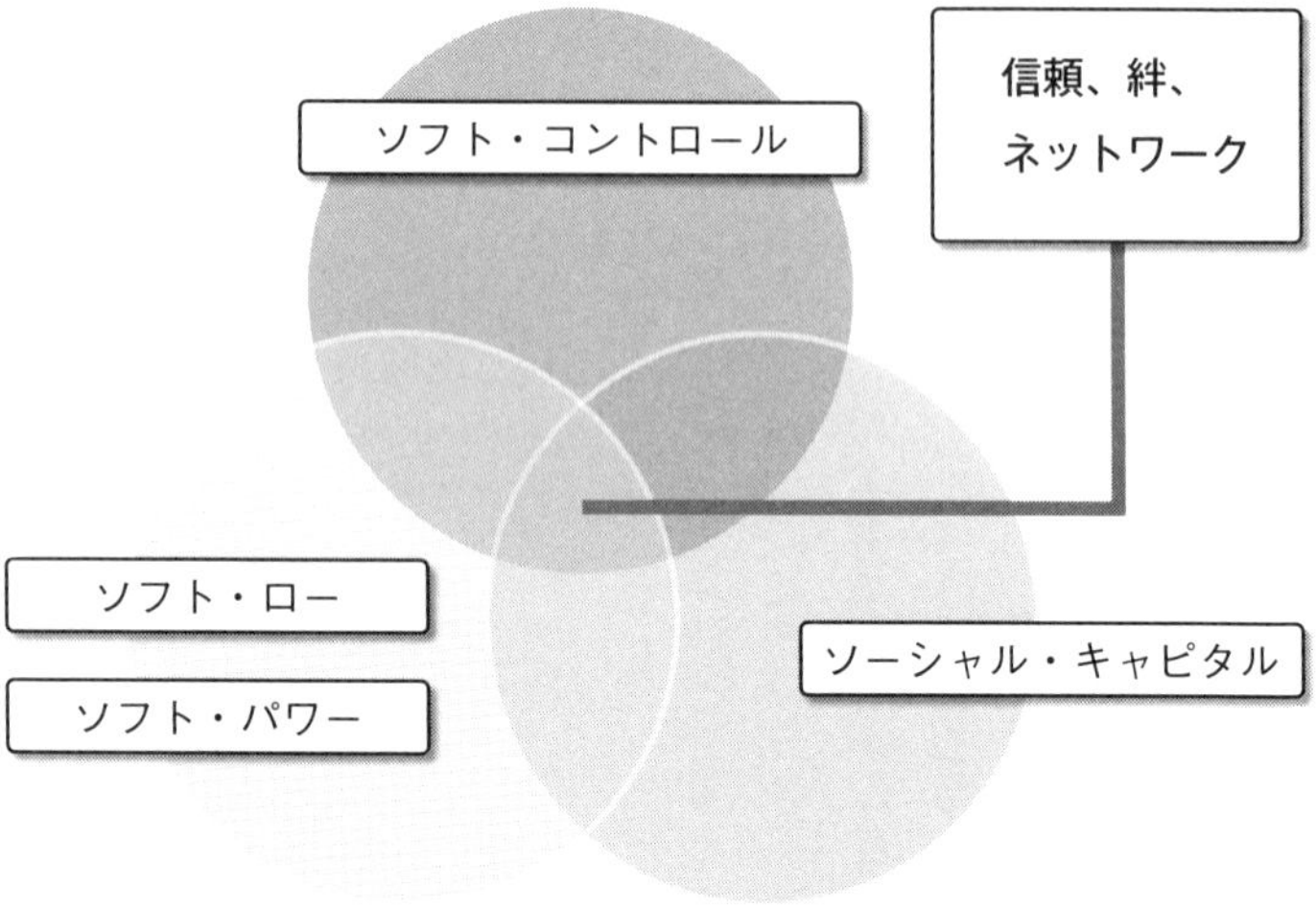

④　リスク・コントロールにおけるソフト・コントロール、ソーシャル・キャピタルの重要性：ケースの検討

次の少年犯罪のリスクは、主にソーシャル・リスク[35]に関するリスク・コントロール問題である。

〈英国少年犯罪のケース〉

一番目のケースは、英国のケースであり、商店街にたむろする不良少年の問題である。当初、警察を中心に秩序違反法などの法律を盾に夜間の外出禁止の強制化、親の責任の追及などを試み、若者を商店街から閉め出した。しかしその効果はなく、逆に若者がいっそう暴れる事態に至り、人種差別問題にまで発展した。

こうしたいわば法を盾に強制化を試みる施策は典型的なハード・コントロールであり、ハード・ローであり、その効果は低かったことが分かる。そこで、関係者はこの問題へのアプローチを変え、少年、警察、商店主による話し合いを重ねていった。

図表4－7　リスク・コントロールとソフト・コントロールの関係（少年犯罪の例）

- 少年犯罪
  - ①リスク・コントロール
    - ①－１　ハード・コントロール（犯罪・秩序違反法他、夜間外出禁止、親の責任追及）
    - ①－２　ソフト・コントロール（少年、商店主、警察による話し合い、社会的紐帯）
  - ②リスク・ファイナンス（転嫁）

言い換えれば、利害関係者間のコミュニケーションの強化、社会的紐帯の強化のための情報共有を主体とする自主的な歩み寄りである。その後、少年の再犯率の低下がみられ、ソフト・コントロールの効果が確認された[36]。

こうしたソーシャル・リスクのマネジメントには、リスク・ファイナンスよりもリスク・コントロール、その中でも特にソフト・コントロールが重要である一つのケースである。犯罪へのリスク・コントロールに、リスク・ファイナンスは考えられない。このケースのハード・コントロールとソフト・コントロールとの関係を示したのが前頁の図表4－7である。

⑤ ビジネス・リスクマネジメントにおけるソフト・コントロール、ソーシャル・キャピタルの重要性

企業は様々なリスクにさらされ、その最適化を通じ企業価値向上を目指しているが、ここでは企業業績との関連で、本書で検討したソフト・コントロール、SCの醸成はどういう意義をもつのかという点を検討する。

結論的にいえば、「ビジネスRM手段として信頼、規範、ネットワークなどの、ソフトな関係を充実させることを重視するソフト・コントロールやSCなどのいわゆるソフト・アプローチが効果的なRM手段として機能し、かつ企業業績の向上に貢献するだろう」というも

のである。

この点をさらに言及すると，企業経営との関連では，次のような仮説も提起できる。「企業のソフト・コントロールやＳＣが弱いと，リスク発生時の企業へのマイナス・インパクトが強く，リスク発生後の事業継続の復元力（resilience）も弱い傾向があり，企業のリスクへの脆弱性が高くなる傾向があろう」，「企業のソフト・コントロールやＳＣが適度に高いと，リスク発生後のビジネスの復元力が高まり，外部環境の変化とソフト・コントロールやＳＣを含むその他内部資源とのブリッジを可能とする戦略の構築が，企業価値回復力の一層の向上となろう。」

この企業価値向上に関する仮説は，「①ソフト・コントロール，ＳＣの醸成＋②効果的戦略＝企業価値向上」というシンプルな考え方である。この仮説のうち，効果的戦略の面は今後の検討課題として次の機会に譲ることにして，本書では①のソフト・コントロール，ＳＣの醸成と業績との関係について，いくつかの研究成果を次に検討する。

〈欧米二二社のＣＥＯへの調査結果[37]〉

アイゼンスタット（Eisenstat, R. A.）らは一年以上にわたり，社員を大切にし，社員からの強いコミットメントを得ている企業と財務データ面で他社をしのぐ業績を上げた企業（High

Commitment High Performance企業）二三一社を抽出し、そのCEOへのインタビューを試みた。その調査結果から、「どうすれば、業績を損なうことなく、社員から献身を引き出し続けられるか」、「変革が不可避である場合、その影響を直接被る社員たちに、どのようにそれを受け入れてもらうのか」について、二三一社のCEOに共通する次のような結論を得ている。

① 社員と業績を天秤にかけない

② 人心を掌握する
- a. 真実をありのままに伝え、信頼を勝ち取る
- b. 社員と深い絆を築く
- c. 目標に焦点を絞る
- d. リーダー層全体の能力を向上させる

③ 共通の目的を掲げ
- a. よりよい社会作りに貢献する
- b. 周囲に誇れる業績を上げる
- c. 社員たちの成長機会を提供する

④　幅広い視野を備える

以上の調査結果から、High Commit-ment High Performanceな企業のＣＥＯは、特に「人心を掌握する」、「共通の目的を掲げる」の面で、「誠実性、価値（組織の使命、価値を明確にし、社員の関与を促す）をベースにするソフト・コントロールが、また「信頼、規範、ネットワークなどのソフトな関係を充実させること」を重視するソーシャル・キャピタルの醸成を極めて重要な使命と考え、腕の見せどころと考えていることが分かる。

〈日本の「働きがいのある会社」二五社の調査結果(38)〉

ＧＰＴＷジャパン（Great Place to Work Institute Japan）は、八一社を対象に「働きがい」調査を実施し、スコアが高い二五社を「働きがいのある会社」として公表している。ＧＰＴＷジャパンは「働きがいのある会社」を「従業員が会社や経営者、管理者を信頼し、自分の仕事に誇りを持ち、一緒に働いている人たちと連帯感を持てる会社」と定義付けし、図表４－８のようなフレームワークの中でそれを捉えている。

図表4－8　GPTWジャパンの「信頼」のフレームワーク

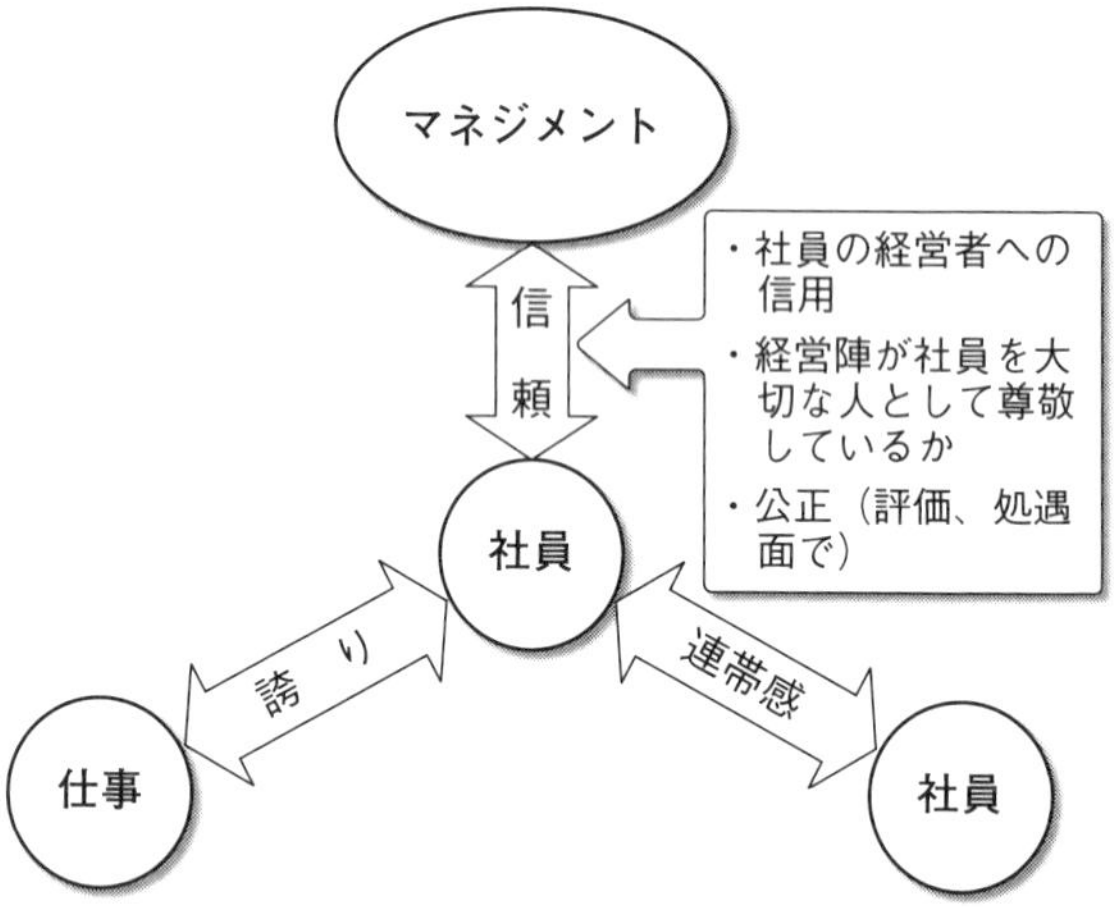

（出典）『日経ビジネス』2010年３月１日、69頁を参照に一部表示変更の上、筆者が作成。

二〇一〇年に「働きがいのある会社」として選ばれた会社の中には必ずしも大企業のみではなく、中堅企業も入っている。その一部を示したのが次記である。

一位：ワークアプリケーションズ（ソフトウエア、社員数一、二七五人、離職率六・三％、前年度経常利益一二億六〇〇〇万円、信用、公正、誇り、連帯感の四要素で高いスコア）
▼社員のコメント＝失敗を許容する文化と、失敗を許容できるビジネスモデルは秀逸。最終的に決定権があるのはその業務を担当している本人にある。

三位：Plan・Do・See（飲食・婚礼サービス、社員数五二五人、離職率七・七％、前年度経常利益三億四、五〇〇万円、信用、公正、誇り、連帯感の四要素で高いスコア）
▼社員のコメント＝会社の義務、自分のやりたいこと、できることの三つの輪が重なる状況を作ることを奨励してくれるため、会社の方向性と自分の夢を重ね合わせることができる。

九位：トレンドマイクロ（ソフトウエア、社員数五九八人、離職率三・八％、前年度経常利益二二三億六、四〇〇万円）
▼社員のコメント＝製品にトラブルがあった際には週末にもかかわらずほぼ全員の社員が自発的に出社し問題の対応に当たるのを見て、ここは特別な会社であると感じた。

一二位：ザイマックス（建設・不動産、社員数四五六人、前年度経常利益表示なし、信用、公

正、誇り、連帯感の四要素で高いスコア）

▼社員のコメント＝若手の成長に熱心に取り組んでくれる。皆で喜びも苦しみも分かち合う。組織間、組織員同士の足の引っ張り合いがなく、協力して成果を上げようとする。

二五位：明光ネットワークジャパン（教育、社員数四〇四人、離職率一四・四％、前年度経常利益三〇億五、八〇〇万円）

▼社員のコメント＝人の人生を預かる会社。現代の子供たちを、正しい方向へ導き、将来の日本をよりよい国にすることに誇りを感じる。

上記「働きがいのある会社」の社員のコメントをみると、そこに信頼、権限の委譲、失敗を許容する文化、リスク時の自発的対応、協力、公正な評価、仕事への誇りなどの面での醸成が行われていることが分かる。

本章の検討でも明らかなように、犯罪、地震というソーシャル・リスクの最小化に、信頼などをベースにするソフト・コントロールが寄与したが、ビジネスＲＭの分野でも、社員間、経営者と社員間などとの信頼をベースとするコミュニケーションの重要性が分かる。(39)

本章では、各社の競争力に関する戦略面での分析が十分でなかったが、その前提としてのソフト・コントロール、ソーシャル・キャピタルの醸成が「働きがい」と業績に結びつく点が明確になった。

注

（1）Trevino, et. al［1999］pp.131-151.
（2）Trevino, et. al［1999］pp.138-139.
（3）Paine［1994］pp.106-117.
（4）State of Michigan Office of Financial Management［1999］pp.1-17.
（5）例については、日本監査役協会ケーススタディ委員会［二〇〇三］二七－二八頁を参照。
（6）トップのリーダーシップに関して、岡本・鎌田［二〇〇六］一八七－一八九頁では、次の諸点の重要性を指摘している。「何かをしないという決断力、企業風土を見抜き、是正する能力、現場を見抜く能力、人を見る能力、情報を聞き出して見抜く能力、自分の判断が不公正かもしれないと自問し続ける注意力（率直にものを言ってくれる人材を大切にする）。」
（7）岡本・鎌田［二〇〇六］は、組織の属人的思考の持つ問題点を統計的に検証している（第四章参照）。
（8）International Organization of Securities Commissions［2006］pp.5-7.
（9）ベンソン（訳書）［二〇〇六］七六頁。
（10）同上書、八二頁。
（11）Jackson and Csikszentmihalyi［1999］訳書［二〇〇五］六－七頁参照。
（12）辻［二〇〇八］三頁。
（13）Csikszentmihalyi［2003］訳書［二〇〇八］。

（14）同上書、第六章、および潜道［二〇〇三］第五章参照。
（15）サウスウエスト航空Wikipedia参照。
（16）Freiberg and Freiberg［1996］訳書［一九九七］三四三頁参照。
（17）稲盛［二〇〇六］一二四頁。
（18）〈www.keidanren.or.jp/japanese/policy/2010/043/jirei.pdf, 2014, 6, 4〉
（19）花王ホームページおよび同社国内広報部主任研究員　工藤徹明氏によるwebでの記載参照。
（20）エイカー（訳書）［二〇一二］六三頁。
（21）東出・大久保［二〇一〇］八-一二頁。
（22）このケースは同上書、八〇-九五頁を参考にしている。
（23）引頭編著［二〇一三］第一章参照。
（24）同上書、終章参照。
（25）この検討は上田［二〇一〇］一三-二九頁を一部参考にしている。なお、本章でのソーシャル・キャピタルの定義他については、主に〈http://ja.wikipedia.org//〉、ソーシャルキャピタル（二〇〇九年一二月五日）を参考にしている。
（26）筆者は、ソーシャル・キャピタルの概念を既存研究者とほぼ同じ捉え方をしているが、企業経営との関連を付加して、次のように考えている。資本を将来の利益、効用を生みだす資源、資産と考えれば、資産には有形資産（土地、施設・設備、金融資産他）と無形資産があり、無形資産の中にここで検討している信頼、規範などの人間関係に関する資本が、社会や企業の効率性を高める資産として存在していると考えることができる。こうした無形の特に人間関係に関わる資産をソーシャル・キャピタルとし、それを社会関係資本と呼ぶ。
（27）神座［二〇〇五］一七頁。

(28) 稲葉［二〇〇七］第三章。
(29) 神座［二〇〇五］一七－一八頁。
(30) 同上書、一七－一八頁。
(31) 稲葉［二〇〇七］第一〇章。
(32) 宮川・大守［二〇〇四］九五頁。
(33) 同上書、一〇一頁。
(34) 同上書、一〇二頁。
(35) ソーシャル・リスクとは、平和、安全、豊かさ、平等などを阻害、破壊する事実、状況、要因であり、各経済主体が共通して集団的にさらされるリスクをいい、たとえば災害、地震、気候変動他の自然環境、企業不祥事、食品事故、企業倒産、working poor、リストラ、犯罪、人権侵害、心の危機他の社会環境をいう（亀井［二〇〇九］一頁、亀井［二〇一二］九頁参照）。
(36) 守山［二〇〇四］第六巻、一〇二－一〇五頁。
(37) Eisenstat, et. al［2008］訳書［二〇〇九］二七三－二九六頁。
(38) 『日経ビジネス』二〇一〇年三月一日、六四－六九頁。
(39) 関係者間同士のリスク情報の共有（リスク・コミュニケーション）度合いがＲＭ効果を高めることはいうまでもないが、その前提としてリスク情報提供者（例：企業）と受け手（例：消費者）間との「信頼」の存在がリスクコミュニケーション効果を高めるという指摘は重要である（Cvetkovich and Löfstedt edited［1999］, p.2.）

第5章　倫理リスクマネジメントと企業の持続的成長、復元力との関係

これまでの検討で、ソフト・コントロール型による倫理リスクのマネジメントが企業のパフォーマンスを上げるという点を、社員のモチベーション、社員と関係者間の信頼、絆、企業ビジョンや企業使命の共有などの面から検討してきた。

ここでは、この点に関し、さらに視点をややマクロ的にして、企業の倫理力と企業価値との正の関係、その次に、企業の倫理力と企業の持続力および復元力との関係について検討し、最後に企業の倫理力、持続力、競争力そして復元力を醸成するための施策・方法を、事例を含めながら検討してみよう。

1　倫理リスクマネジメントと企業価値との関係

すでに本書の事例でも指摘したように、倫理リスクの発生は苦情コスト、監視コスト、順守コストの増大をもたらし、企業価値に軽視できないネガティブな影響を与える。したがって、倫理リスクの効果的なマネジメントは上記コストの減少、信頼の増加、知識の共有、評

判の向上、人材獲得を容易にするなどの、企業価値へのポジティブな影響が考えられる。米国での調査結果をみても、倫理リスクマネジメント（以下、倫理ＲＭ）が企業価値にポジティブな影響を与えた例が示されている[1]。

では、日本での両者間の関係に関する最近の調査はどうであろうか。倫理ＲＭが、果たして企業価値向上に貢献するのだろうか。日本経団連の二〇〇二年から二〇〇四年までの東証一部上場企業一、六五〇社を対象にした調査は、その方法および結論において興味深い結果が示されている[2]。

調査方法の概要は下記の通りである。

第一段階：三年間の財務データと株式時価総額との関係確認（株式時価総額の理論値）→短期的な経営戦略が株式時価総額を上げていることの証明

第二段階：中長期を視野に入れた競合他社よりも進んだ取り組みを行っている項目（一四項目）と株式時価総額との関係を調べる。

第三段階：現実の株式時価総額から短期的な経営戦略による時価総額（理論値）を差し引く（業績が良い企業だからできる要素を取り除く）。

第四段階：第三段階の結果がプラス（プレミアム）かマイナスかをみて、どういう経営戦略が企業価値に貢献しているかをみている。

九九％以上の確率で、企業価値のプレミアムにつながる経営努力は図表５－１の通りである。

調査結果をみると、「倫理ＲＭは中長期的には企業価値をあげるが、企業価値は他の要因、たとえば研究開発、情報開示、雇用機会などの要因によっても向上する」という結論を下せる。

ただ企業価値は企業の競争力、戦略能力などの内部要因とも大いに関係するし、外部利害関係者からの好ましい評価などによっても大きく変わる。戦略要因は図表５－１のすべての項目に関わるものであり、各項目における戦略的対応が企業には求められる。

また外部評価が企業価値に与える影響も大きいことはいうまでもない。この点に関して

図表5－1　中長期を視野に入れた経営戦略が企業価値のプレミアムに及ぼす影響

1．優秀な人材の育成	★★
2．中長期視点からの研究開発の推進	★★★
3．経営理念の明確化・徹底/法令順守を含む企業倫理の徹底	★★★
4．IRをはじめ情報開示の推進	★★★
5．女性・障がい者・高齢者などの雇用機会の提供	★★★
6．環境負荷の軽減	★★

（注）①:★★は95％以上の確率でプラス、★★★は99％以上の確率で明らかにプラス。
②:同調査結果では、米国型のコーポレートガバナンスや財務報告に関わる内部統制の充実はどちらともいえないという結論をだしており、この点も興味深い。
（出典）日本経済団体連合会報告書[2006]。

は、高・ドナルドソン〔二〇〇三〕が、企業倫理が企業価値に結びつくようになるには、次のような「マクロ的な社会要因」も必要であるとしているが、筆者も同感である。

①　社会が企業倫理を必要とし、これを評価するという社会的倫理選好の存在。
②　企業倫理に努力をしている企業とそうでない企業とが、簡単に分かる倫理情報開示の発達。
③　企業倫理に取り組んでいる企業は応援し、そうでない企業には罰則を与えるという社会的倫理支援の体制の存在[3]。

筆者は、倫理観に裏付けされた戦略は、企業が逆境に立たされたときの復元力と持続力を与える源だと考えている。このことは下記の調査結果からも指摘できる。次にこの点について「倫理観の高い企業は持続力があるのか」、「企業の復元力と倫理力との関連」という視点から検討する。

2　倫理観の高い企業は持続力があるのか

米国のシンクタンクであるEthisphere社は、毎年、五つの指標で業界別に世界で倫理観の高い会社はどこかという調査を実施し、その結果を公表している。二〇一一年の結果のうち、日本企業で上位に入ったのは、自動車部門（二位：デンソー）、家電（二位：リコー）、消費財（三位：花王）、保険（二位：損保ジャパン）、運輸（二位：東日本JR、三位：日本郵船）の各社である。

次の五つの指標で倫理力を測定している。①倫理綱領や法令順守事項の整備、順守度他：二五％のウエイト、②評判、リーダーシップ、イノベーション：二〇％、③ガバナンス：一〇％、④企業の社会的責任（二五％）、⑤倫理的体質（価値観をベースにした倫理観の向上：二〇％）。

同社はさらに、こうした倫理観の高い企業の投資リターンと他の企業、たとえばS＆P社が選出した代表的な五〇〇社の株価指数とを比較した結果を下記のように示し

図表5－2　世界で倫理力のある企業の投資成果

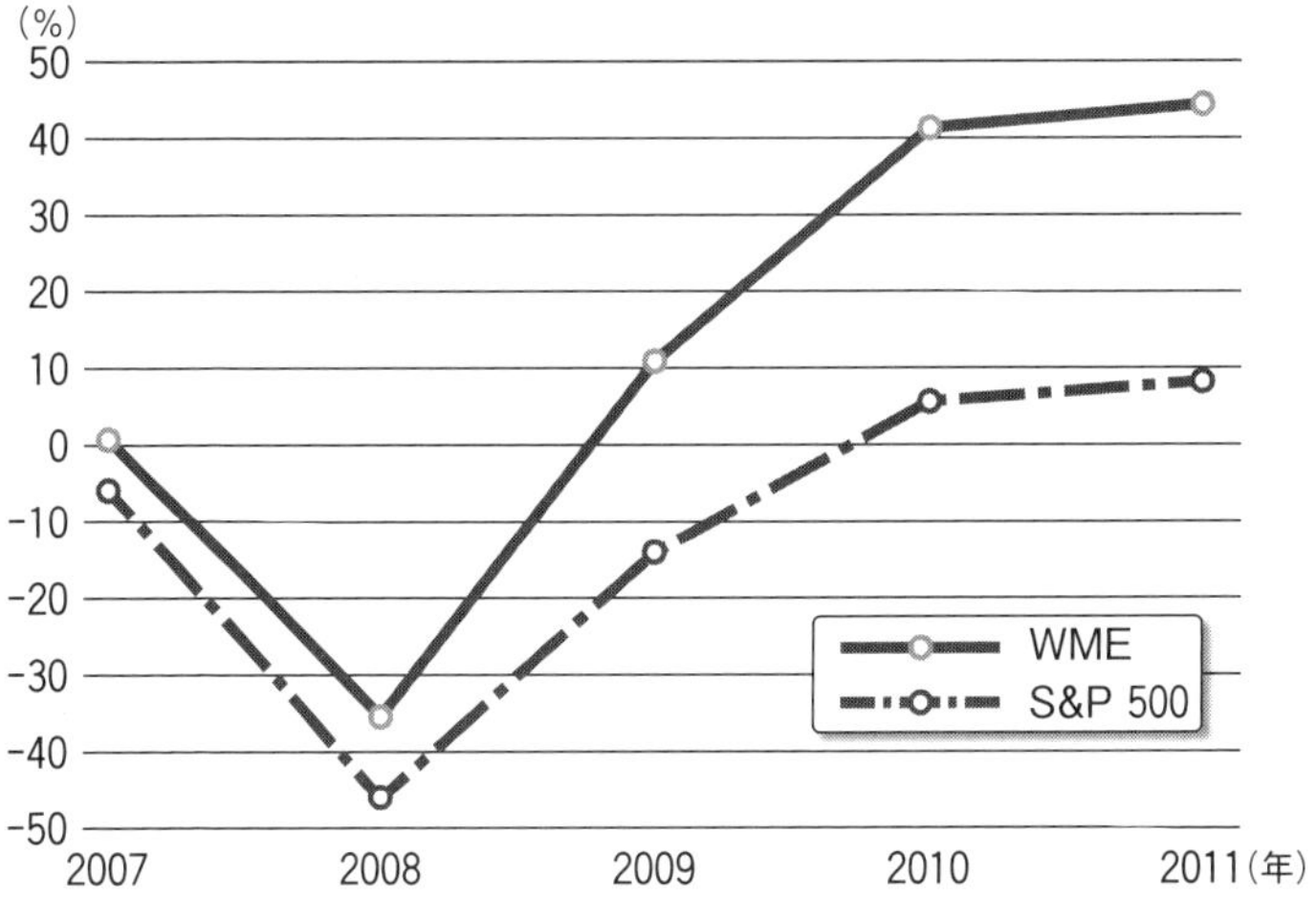

（出典）Ethisphere社のホームページから引用。

ている。図表5－2を見ると分かるように、二〇〇七年から二〇一一年まで倫理観の高い企業の投資リターンは、どの年度もS＆P社が選出した代表的な五〇〇社のそれよりもかなり高い数字を、デフレ時期でも維持している。

五つの倫理力の測定要因の中の二番目に「評判、リーダーシップ、イノベーション」があり、二〇％のウエイトがかけられているが、この要因は企業の戦略に大いに関係する要因であり、倫理力や戦略力が持続力に関わることも示している。言い換えれば、倫理力と戦略力が持続性や復元力を上げる要因の重要な要素であるといえる。

3　企業の復元力と倫理力との関連

これまでの検討で、企業が倫理力をあげるにはどういう企業理念や倫理リスクのマネジメントが必要かを、特にソフト・コントロールのアプローチから検討してきた。倫理力のある企業は無形資産としての精神資産を有しており、それが競争力となり、結果として持続力も兼ね備える点も指摘した。

しかし、現代企業は厳しい競争下にあり、常に倒産リスクと隣り合わせにある。企業は順調に成長するよりも、はるかに高い確率で逆境に直面する。(4)

国税庁の二〇〇五年の調査では、日本の法人数約二五五万社のうち、設立五年で約八五％の企業が消え、一〇年以上存続している企業は六・三％、設立後二〇年以上存続している企業は〇・三％という現実がある。

また東京商工リサーチによれば、二〇一二年度の企業倒産件数は一一、七一九件である。この数字は一日当たり約三二社の企業が倒産していることになり、これは一時間当たり約一・三社の会社の倒産を意味し、交通事故による一日当たり死亡者数（二〇一二年の死者数は四、四一一人で一時間当たり約〇・五人）の約二・六倍にあたる。

「ゴーイング・コンサーンとしての企業」というのは名ばかりで、現実の企業の存続可能性は人間の死亡率、交通事故による死亡率の比ではない。こうした企業倒産の内、中堅・中小企業の経営破綻が大きな数字を占めていることは言うまでもない。一日当たり約三二社の倒産、一時間当たり約一・三社の会社の倒産という異常な数字を示し続けている中堅・中小企業経営に、緊急の手術を施さない限り、中堅・中小企業の経営破綻というソーシャル・リスクは後を絶たない。

一日当たり約三二社の倒産、一時間当たり約一・三社の会社の倒産・破綻は、経営者、社員はもとより多くの利害関係者に多大な経済的・心理的損失そして社会的損失を与えている。二〇一二年からの中小企業金融円滑化法により、倒産は一時抑制されたかに見えたが、二〇一二年には再倒産が増加している（図表5－3参照）。

中小企業金融円滑化法を一例とした倒産問題に対する法的対応や経営が困難になってからの金融的支援では、中堅・中小企業経営リスク問題の本質的解決にはならない。ここでは、中堅・中小企業経営の活性化につながる中堅・中小企業経営の倒産や経営破綻の根源的要素を探るとともに、特にその復元力を醸成する根源的要素を検討してみよう。

(1) 倒産原因の裏にある根源的な要因は

―復元のための根源的な要因は何か

中小企業庁のホームページでは、企業共済発行の「企業倒産調査年報」を参考にした二〇一三年度の倒産原因が示されている。それによれば、倒産原因として、「販売不振」九、五九九件（七三％）、「既往のしわ寄せ」（赤字累積）一、一二八件（九％）、「他社倒産の余波」七七四件（六％）、「過小資本」六五八件（五％）、「放漫経営」五九三件（四％）、「その他」三六八件（三％）、「売掛金回収難」五九件（〇・四％）が示されている。また、帝国データ

図表5－3　再倒産の件数

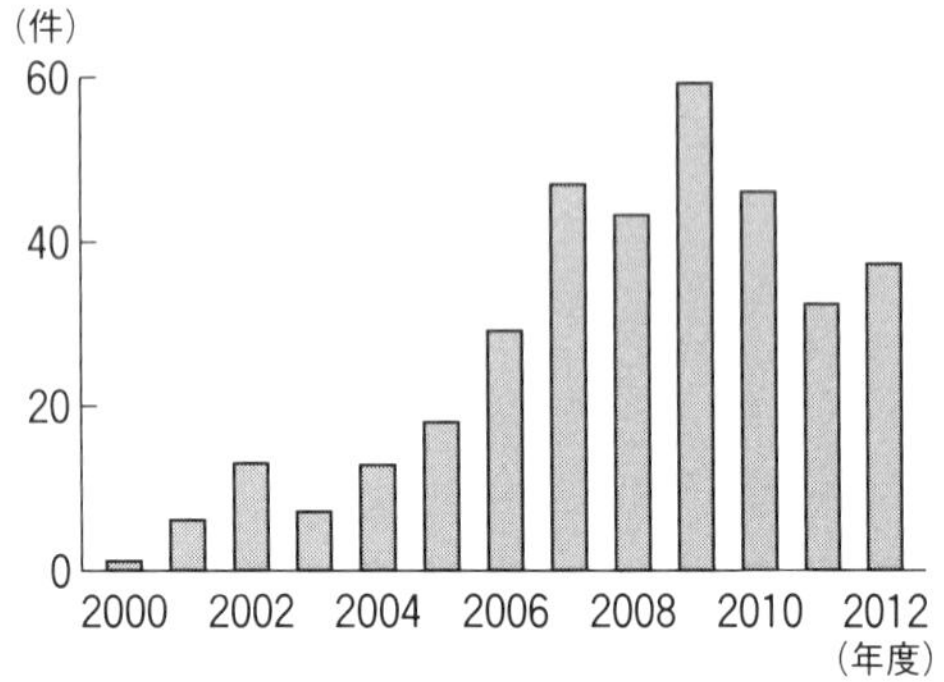

（注）帝国データバンク調べ。

バンクの資料では、倒産理由として販売不振や業界不振などを主な原因とする「不況型倒産」が八四・二%であることが示されている。

しかし、こうした要因は倒産の最終的な要因を列挙しただけであり、それに至ったいわゆるハザードが示されていない。たとえば、倒産原因のほとんどを占める「販売不振」がなぜ生じたのかについては分からない。

こうしたデータは倒産原因の表面的・最終的理由を示したのみであり、「倒産の本質的原因、根源的要因」を分析し、企業内部の経営、マーケティングに関わる資源分析、戦略分析などを分析し、それらの改革を施さない限り中堅・中小企業経営の再生・活性化は出来ない。

(2) 復元力とは何か

ここまで企業の復元（resilience）という言葉を何度も使用してきたが、resilience（レジリエンス）」という言葉の語源はラテン語のresilireで、元の形や位置などに戻る力や能力という意味がある。

弾力性・反発力・回復力などの訳があるが、心理学的な意味でも「逆境に負けない力＝復元力」という言葉があてはまるといわれている（心理学では，精神発達や精神発達に関連して貧困や児童虐待など困難な状況に対する耐性という意味で、以前から使われてきたようである）、また生態学では気候変動や乱開発による荒廃からの回復力の意味にも使われる。企業ではＢＣＰ（事業の継続性計画）の概念に近いということもいえる。

ところで、下記は筆者が復元（resilience）の定義を整理したものである。

▼オックスフォード辞典：

「困難な状況に耐えるあるいはその状況から迅速に回復する能力」

▼フィンランドのLiisa教授：

「危機を経験した状態から、大きな精神的ショックを受けないで迅速、効率的に回復する能力」（Lisa Valikangas, *The Resilience Organization*, p.19, The McGraw-Hill, 2010.）。

▼上田和勇：

「逆境の原因を管理するとともに、ＲＭ手段の組み合わせにより、好機を創造し、従前と同様の経営の独自性・競争力を回復する企業の力」

筆者の定義では、損失の回復と同時に損失前の経営の独自性・競争力の回復を重視している。つまり被った経済的、心理的損失の回復と同時に、将来にむけた競争力の回復が重要である点を強調している。そのためには、以下に述べる企業ビジョンや使命と戦略の連動が重要となる。

筆者は以前からこのresilienceの概念に注目している。企業を取り巻く様々なリスクへのコントロール策としてのソフト・コントロール（ソフト・コントロールとは必ずしも定説はないが、すでに指摘したように、リスク・コントロールのアプローチとして、システム、手順、マニュアル、チェックリストなどの有形で強制的なアプローチ＝ハード・コントロールよりも、人々の信頼、助け合いを重視し、目標、価値観の共有などにより利害関係者とのリレーションシップを構築し、自主的に信頼感を醸成していくなどの無形資産を重視するアプローチをいう）の重要性を主張してきたが、このソフト・コントロール強化とresilienceの向上が相互に補完関係にあると考えているからである。

（3）　復元力の根源的要素

筆者はいくつかの事例研究を通じて、上記視点から企業が逆境に直面した時あるいは破綻した時の復元問題について検討してきた（上田［二〇一四］）。

同書でも検討したが、特に二〇〇三年に倒産した今治の「池内タオル」のケースでは、経営者の池内氏ともお会いでき、倒産から復元に向けて進んできた同社の経営、復元力の源泉などについてインタビューさせていただいた。今治は筆者が大学卒業後、安田火災海上保険（現在の損保ジャパン）に入社、最初の赴任地として昭和四九年から五一年まで勤務した場所であり、思い出深い町である。

二〇一二年二月に今治の池内タオルを訪問調査した時、筆者はいくつかの文献研究を通して把握した企業の復元力の根源的要素として、下記の三要因を池内氏に説明してみた。

① リスクの直視
② 企業ビジョン・理念の持続化と戦略化
③ 柔軟な思考

その際、池内氏から概略、次のような回答をいただいた。

「池内の再生についても、それら三つがピタッと合ったと思う。いいものさえ作れば評価される、という考え方は甘い。私たちのように小さな企業がモノを売ろうとするとき、メーカーとしての生きざまが問われるんです。きっぱりとした方針を示せるか否かが、顧客の支持を得られるか否かの分かれ目になるでしょう。」

こうした池内氏の言葉は②の企業ビジョン・理念の浸透・持続化と戦略化のことを指摘していると考えている。リスク直視、柔軟思考によるビジョンと戦略の連動については、上田［二〇一四］にも示しているように、十分な対応がなされている。下記はこれら三つの要因と池内タオルの対応状況を示したものである。

▼池内タオル（一九五三年創業、一九八三年に継承、他社ブランドの下請け生産）

▼二〇〇三年倒産：問屋倒産による連鎖倒産、約一〇億円の負債
▼対応
a. リスク直視⇩OEM企業から自社ブランドを売るビジネスモデルへ
b. 企業ビジョンの持続化と戦略化⇩「母親が自分の命よりも大切にする赤ちゃんに安全なタオルを届けたい」、「環境にやさしい自社ブランドタオル」
c. 柔軟な思考による戦略⇩
自社ブランドによる高価格化戦略
手作業の実施
コンピューターによる生産工程のシステム化
少量単一生産による国際マーケットへの進出
ネット販売重視

池内タオルは、上記の三要因をベースにして、復元への道を歩み続け、二〇一四年、すでに約六億円の自社ブランドによる売り上げを示している。

（4）復元力の三要素と倫理力との関連

復元力を構成する第一の「現実を直視するという思考」は、企業が自社の倫理リスクにつ

いて、それが起こりうるハザード、倫理リスクの評価、対応をいい、倫理リスクをその源である社員の心や組織のガバナンスの視点から直視することと関係している。

第二の「企業の理念、ビジョンを持ち続けるという思考」は、自社の提供できること（自社の商品やサービスの提供を通じた本来の役割・機能）と社会との関係を直視し、自社がこれまで行ってきたことと、今後行うべきこととを社会の視点から再確認することにつながる。

すでに述べたように、企業は地域の中で企業行動を展開しており、企業が地域の社会問題に目をつむるようでは持続力は生じない。企業が自社の商品やサービスの提供を通じて、社会問題の解決に貢献することが企業の復元力と持続力を高める。

Resilience（復元力）を高めるうえで重要なことは、自社と社会の関係を再確認し、長期視点で自社が本質的に追及すべき社会課題に取り組むことである。社会に求められる事業をしっかり行っていれば、少々の危機はすぐに克服できる。[5]ポーターは二〇一一年の論文で、企業のCSV（Creating Shared Value、共通価値の創造）という概念、つまり「社会課題の解決と企業利益、競争力向上を両立させ、社会と企業の両方に価値を生み出す取り組み」を紹介しているが、[6]企業が復元力を上げるための理念として有用である。

第三の柔軟な思考と行動力については、臨機応変、自主性とも通じる概念であるが、英国のリーズン（Reason, J.）は著書において、安全文化[7]の構成要因に関し優れた指摘を行っている。彼は安全文化を構成する要因として、次の四要因を指摘しており[8]、その中で柔軟な文化についても指摘している。この指摘は倫理文化を構成する企業文化ともほぼ同じである。

彼は安全文化を構成する要因として、次の四要因を指摘している[9]。

a. 報告する文化（reporting culture）：自らのエラーやニアミスを報告しようとする組織の雰囲気（同書、二七七頁）

b. 正義の文化（just culture）：安全に関連した本質的に不可欠な安全関連情報を提供することを奨励し、時には報酬をも与えられるような信頼関係に基づいた雰囲気（同書、二七八頁）。正義の文化をエンジニアリングするための前提条件は、受け入れることのできる行為と受け入れることのできない行為の双方の間に線引きをするための、皆が合意できる一連の原則（同書、二九二頁）

c. 柔軟な文化（flexible culture）：変化する要求に効率的に対応できる文化（同書、三〇三頁）

d. 学習する文化（learning culture）：必要性が示唆されたときに安全情報システムから正しい結論を導き出す意思と能力、そして大きな改革を実施する意思（同書、二七八頁）

リーズンはこれら四つの要因が互いに作用し合いながら、情報に立脚した文化（informed culture）が形成され、それが安全な文化になるという。これらの要因は倫理リスクの最小化に結びつくとともに、結果的には強いリスク文化の形成、復元力と持続力に貢献する要因でもある。

注

（1）たとえば、Paine［2003］訳書［二〇〇四］九六頁では、倫理実績と財務実績との関係を調査した九五の調査のうち、五五の調査は両者間に好ましい相関関係を見出している。
（2）日本経済団体連合会報告書［二〇〇六］。
（3）高・ドナルドソン［二〇〇三］三二五－三二八頁。
（4）以下、この節での検討は主に下記を参考にしている。上田［二〇一三］六五－六八頁。
（5）水上武彦「CSV（Creating Shared Value）」（株）Cre-en〈http://www.Cre-en.jp/library/opinion.p.2〉
（6）Porter and Kramer［2011］.
（7）一九九三年の英国健康・安全委員会の安全文化の定義の一部を示しておく。「組織の安全文化とは、組織の健全性・安全性プログラムへの参画、および形式と効率を決定する個人とグループの価値観、態度、能力、行動パターンから生まれるものである。」Reason［1997］訳書［一九九九］二七六頁。
（8）同上書、第九章。
（9）同上書、第九章。

第6章　倫理力、持続力、復元力を上げるソフト・リスクマネジメント策

1　経営者の経営モラル向上のためのトレーニング

ソフト・コントロールをメインとする効果的な倫理リスクマネジメント（以下、倫理ＲＭ）と復元力、持続力を企業にもたらすために、まず何が重要か。

この問題は、倫理リスク発生の背景に、企業風土や企業トップの倫理観の問題が横たわっている点を踏まえれば、企業トップの資質向上に貢献し、間接的には経営者の経営モラルを向上させるための施策が最重要といえる。

企業のトップは、トップとしての適格性、資質を常に磨く努力をしなければならないが、こうした問題に対応する一つの方式として、英国の公認取締役制度がある。

この制度は英国取締役協会（Institute of Directors）が実施している「勅許取締役資格制度」と呼ぶもので、取締役としての実績を重視し、倫理や順法精神を持っているかどうか、さらに、毎年、自己開発にコミットできるかどうかを総合的に問うものといわれる。研修と試験

があり、合格後も年間三〇時間の研修が課せられる。二〇〇〇年からは、取締役の不適任を理由とした資格はく奪が行政処分として可能である。これらはいずれも、直接的には会社経営に関わる者の資質を資し、間接的には経営者の経営モラルを向上させるという二重の効果が認められる[1]。

この制度を検討した河村賢治は、次の点も指摘している[2]。英国取締役協会によれば、この認証制度は、統合規定で要求される取締役トレーニングに相応しいものとして立ち上げられており、今後は、非上場会社をも含めて、この制度を公認のものとしていきたいとのことである。

取締役資格またはトレーニングについては、貿易産業省（ＤＴＩ）による会社法改正作業においても検討されている。英国会社法は、取締役はその最初の選任時に、必要であればその後も、適切なトレーニングを受けるべきであるとされる。

そもそも、取締役資格制度に関しては、一方では、会社の指揮・管理において取締役が果たすべき役割の重要性に鑑みると、取締役に一定の資格要件を要求しても一概に不合理とはいえず、また、一定の資格要件を課すことで、取締役にその義務と責任に関する理解を周知徹底させられるのであれば、取締役の自己防衛に役立つとも考えられる。他方では、あまりに厳格な資格要件を要求すると、多様な人材を取締役として招き入れることが不可能となるし、そもそも各々の取締役の専門知識・経験はバラバラであっても、全体としての取締役会が有効に機能するのであればそれでよいのではないかという考え方がありうる。この点、統合コードは、取締役に資格要件までは要求しないが、適切なトレーニングは受けるべきとすることで、これらの考え方の調和を図ったものと理解することができる。

そこでは、取締役に公式の資格要件を強制すべきではないが、取締役が受けたトレーニングを開示することには価値が認められるとして、「取締役は、関連するトレーニング・経験の開示を要求されるべきか。この情報は、取締役の選任を審議する総会の招集通知に開示されるべきか。または、年次報告書における当該情報の開示を継続的要件とすべきか。かかる要件はコードとして設けられるべきか、それとも立法化すべきか」という諮問がなされている[3]。

「認定（公認）取締役」になるための評価事項として下記のものがあり[4]、これらが公認取締役になるためのトレーニング項目の一つと考えられる。

a.　取締役にふさわしい責任を有しているか

b.　取締役会における会社の利益に関わる専門的判断の経験や機会はあるのか

c.　取締役としての専門とは何であり、そのことについて取締役としての役割が果たされているのか

d. 取締役として果たさなければならない義務の履行状況はどうか

e. 取締役としての経験は十分か

我々は、英国当局が、取締役には適切なトレーニングが必要であり、それを受け、かつその状況を開示することにも価値があるという指摘をした点に注目しなければならない。ソフト・コントロールによる倫理リスクのマネジメントは、自主性を重視しているが、企業トップがこの種の取締役の適格性と経営モラルの向上を同時に図れる施策に自主的に参加し、公認取締役としてのコースを修了し、その状況が外部に開示されることにより、社員を含む利害関係者からの信頼がさらに高まる効果が期待できる。

経営者のモラル（moral、倫理観）向上のためのトレーニングを資格制度で行うのが英国方式であるが、日本でも、個々の会社が、特に経営者が先頭に立ち、それを行い好ましい倫理観、社風を維持している会社がある。それがすでにみた京セラである。

稲盛は、こうした問題について次のように言っている。[5]「自社のアメーバ経営（部門別独立採算）を行っている京セラでさえ、アメーバリーダーが自部門の経営を実態よりよく見せたいため、生産計上をごまかすなどの不正が起こることがある。本当は良い実績でないのだから、「うまくいかなかった」と正直に言うことがリーダーの務めなのであるが、上司や周囲から責められることを恐れて結果を取り繕ろうとする。京セラでは、公平、公正、正義、勇気、誠実、忍耐、博愛というたいへんプリミティブな倫理観を大事にしてきた。こういう基本的なことを、これほど大切にしている会社は、世界中探してもおそらくないだろう。」

個人ベース、会社ベースであれ、また公的な資格によるトレーニングであれ、経営トップは常に自らを律し、研鑽を積んでいなければならない。

2　会社の理念、ビジョン、経営哲学の設定とそれらの社員との共有化、内面化システム

企業トップの継続的なトレーニングに次いで重要なのは、企業トップおよび社員が「会社とは何か」、「ビジネスとは何か」について、共通の考え、目標を持つことである。

というのは、企業において度々、倫理リスクを発生させるのは、いうまでもなく経営者であり、社員であるが、その企業トップや社員が、「会社とは何か、会社の目標や理念は何かを相互に理解し、それを共有していれば」、また、「特に企業トップはどうすれば社員は幸せに働くことができるのかを常日頃、思考していれば」、倫理リスクの発生頻度を落とすことができると考えられるからである。このことを先人の研究や体験から、言い換えれば歴史から学ぶ必要がある。

この点については、本書の第1章で検討したが、再確認してみよう。

筆者は、ドラッカーの「会社」（企業）の定義を次のように表現し直した。「企業とは、本業（商品・サービスの提供）を通じ、関係する人々を（社会を）幸せにする組織体である。」

また、明治、江戸、昭和の先人たちの、この点に関する思考についても、次のように示した。

▼角倉素庵：「取引の基本は、他人と自分を利することで、他人の利益を犠牲にして自分が利益を得ることではない。〈中間省略、筆者〉利益という言葉の真の意味は、喜びの寄合のことで、皆が喜びあうことに意義がある。」

▼石田梅岩の共生の理念：「実の商人は先も立ち、我も立つ」といい、「お客さまのために、市場で商品の性能を競い、価格を争うのは経済人として当然だが、仕入れ先、得意先の立場を考えながら、いやむしろ仕入れ先、得意先と一緒に繁盛することが大切だ。」

▼渋沢栄一：「経済と道徳のバランスをとって資本主義の暴走を防がなければ、真の意味で社会を豊かにすることはできない。」

▼松下幸之助の会社の綱領：「営利と社会正義の調和に念慮し、国家産業の発達を図り、社会生活の改善と向上を期す。」

▼稲盛和夫の京セラの社是・経営理念：「全従業員の物心両面の幸福を追求すると同時に、人類、社会の進歩発展に貢献すること。」

こうした先人たちの研究や体験から生まれた理念やビジョン、あるいは経営哲学は、「幸せ」、「利他」、「皆が喜びあう」、「共生」、「経済と道徳のバランス」、「物心両面の幸福」、「社会生活の改善」などという概念で集約されている。

企業ビジョンや理念が必要な理由をリスクマネジメント（以下、RM）の視点からいうと、それは企業にピンチや危機が生じた時、言い換えれば、たとえば倫理リスクのような重大なリスクが生じたときに、会社としてどういう対応や思考をすべきかの原点に戻らせてくれる、できるだけ迅速に復元してくれるバックボーンになるものが企業ビジョンや理念だからである。

そして、リスクに対する復元力をもつビジョンや理念の構築に重要な役割を果たすのは、会社のトップであり、会社のトップの適格性や倫理観そしてリーダーシップが適切でないと、損失を生じさせる重大なハザードになり、会社に損失を生じさせるとともに社員のモチベーションは上がらない。

企業不正の七三％は役員の不正と言われている事実もあり（『日本経済新聞』二〇一一年二月一日）、企業トップへの、こうした点への検討が重要であることを示している。企業トップの適格性に問題がなく、そこから生まれる企業ビジョンや理念が会社に浸透していく状況を作ることが、企業倫理力の源泉の一つである。

企業不正と経営者の企業ビジョンの開示との関係について、次のような興味深い主張もある。

「実力のある経営者の場合は、経営の失敗や大きなリスクに見舞われても、業績を回復させられることを信じていますから、損失処理が巨額になっても、損失は損失で処理して明日のことを考えるのです。対外的にビジネスの展望や自分のビジョンを主張できる経営者は、すぐに頭を切り替えてリカバリーをどうするかを考え、意外に会計不正までは考えないものです。むしろ謹厳実直に見える人でも、上司や先輩の引きで経営者になったような人は、泥をかぶってでも組織を引っ張って行こうという気概はありませんから、経営の失敗と指摘されそうな損失や不良資産には異常に反応するものです。[6]」

筆者はこうした指摘を、企業ビジョンの開示による企業行動、企業経営への倫理効果と考えている。言い換えれば経営情報のみならず、経営理念や経営哲学の社会への開示は、企業外部の利害関係者からの信頼・評価だけではなく、企業内部の社員からの企業経営者への信頼、尊敬を育み、社員のモチベーションとモラル向上につながる。

ところで企業成長のためには、イノベーションが起こせるリーダーやフォロアーが必要である。特にリーダーに関して、ヘイグループ[7]（Hay Group）は、「フォーチュン五〇〇[8]」の中でも、イノベーティブな会社の有能なリーダーに共通して見られるリーダーの行動特性と、日本の平均企業におけるそれとを比較して、次のような結果を示している⑨。

図表６－１の左側は、全米五〇〇社の中で、最もイノベーティブな会社のリーダーシップスタイルを示しており、第一位はビジョンである（六三％で第一位）。山口［二〇一三］によれば、ビジョン型リーダーとは、「なぜを分からせる＝長期視点の提供」であり、「なぜその仕事が必要なのかを、背景や関連情報も含めて理解させる」ことを重視するリーダーシップスタイルである。

図表6－1　リーダーシップスタイルの対比

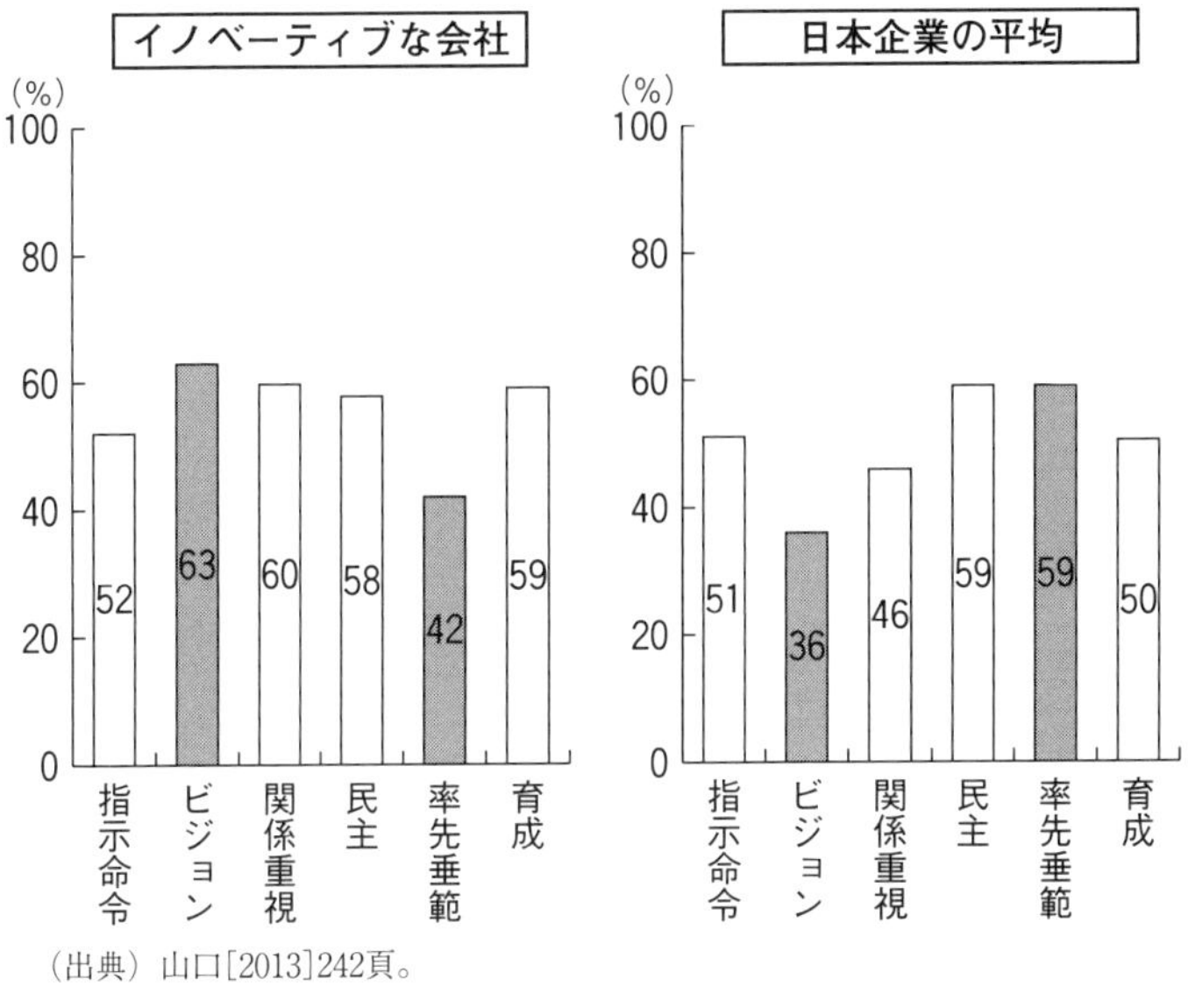

（出典）山口［2013］242頁。

同表の左側では、米国では最も低いリーダーシップスタイルとして、「率先垂範」（四二％で最下位）がある。つまり、「先頭に立つ＝模範の提示」であり、「仕事の進め方を行動で示し、困難の際には自ら対応する」ことを重視するリーダーシップスタイルである。

最もイノベーティブな会社はビジョン最優先のリーダーシップであり、細かい業務内容までの介入は最小限にとどめている[10]。

一方、日本の企業における平均的なリーダーシップスタイルは、第一位が「率先垂範」（五九％）と「民主」（メンバーの参画＝情報の吸い上げ、メンバーから意見を吸い上げ、意思決定の際に衆知を結集させる、五九％）であり、二つが同率である。日本での最下位は「ビジョン」型リーダーシップスタイルである。

図表６－１から分かることは、米国で第一位であった「ビジョン」型リーダーシップスタイルは日本では最下位であり、米国で最下位であった「率先垂範」型リーダーシップスタイルが日本では第一位であり、イノベーションを生む際に大きな影響を与えるリーダーシップスタイルに、日米で大きな違いがみられる点である。

国により、イノベーティブな企業のリーダーシップスタイルは異なる。先にみた京セラの稲盛経営は、ビジョン重視型経営であり、明らかに米国流のビジョン重視型のリーダーシップスタイルであるが、稲盛はビジョンによる経営哲学をベースにして、アメーバ経営を行い、全員経営を行っている。

一つ言えることは、経営者が自らイノベーションを生むことがあっても、稲盛が言うように販売力、流通力、社員の心、人間関係力などの総合力が優れていなければ持続力は出てこないという点である。技術力が一時的に優れていても、技術環境の変化の中で淘汰されていく。持続的にイノベーションを生む土壌を生むには、社員と経営者の信頼、オープンな風土などがイノベーションのアイディアを生じさせるという点を忘れてはいけない。

会社の理念、ビジョン、経営哲学を示す企業トップの役割・責任が重要であるとともに、その社員との共有化、内面化システムによる共感が次に重要である。このためには、先の事例でも見たように、まず会社の哲学や理念と共感できる人材の採用が重要である。共感できる人材はプレッシャー下でも、倫理リスクを犯す可能性は低い。

また企業トップは会社の理念やビジョンを何度も社員に伝えるとともに、企業目標および戦略、ビジネスモデルと理念、ビジョンとを連動させることが重要である。商品・サービスの開発、新市場進出、地域戦略そして上に示した人材戦略と、理念、ビジョンとが連動しているかどうかを、企業トップは常に考慮すべきである。

戦略の遂行がたとえば競争者の参入などで困難になったとき、全員でもう一度、理念、目標、ビジネスモデル、戦略との連動性を再確認しなければならない。逆境下でも、理念、ビジョンが企業経営不安定時の自動安定装置の役割を果たしている。

3　企業のリスク直視力と柔軟思考力

経営哲学が企業行動、マーケティング行動、投資行動の方向性を決める。その次に必要なのが、企業の足元（強み、弱み、機会、脅威）の評価・分析である。企業をとりまく現在および将来のリスクやチャンスを直視する力である。企業行動、マーケティング行動の実施には、そのリスク直視によるリスク評価を踏まえ、企業哲学に裏打ちされた企業行動、マーケティング行動を柔軟な思考のもとで実施していくことが必要となる。

リスク直視には倫理リスクはもちろんのこと、倫理リスクと関わるものの一つとしての競合他社からのプレッシャーに含まれる戦略リスク、日常の企業のオペレーションに関わるオペレーショナル・リスク、そして為替リスク、株価変動リスク、信用リスクなどを含む金融リスク、さらには災害が経営にもたらす損失である災害リスクなどについても直視し、その評価と対応を図ることが重要である。

企業成長は企業に関わる損失の発生源の発見と評価、対応だけでは実現できない。同時にビジネス・リスクの多くはチャンスの可能性を含んでおり、このいわばチャンス・リスクの実現に向けたビジネスモデル、マーケティング戦略の開発が必要となる。

たとえば第1章で検討したように、ドラッカーの見解を「企業は社会を幸せにする組織体なのだから、社会で問題となっている課題を発見・評価し、それを解決する商品やサービスを作り出すことに存在意義があるという」ように筆者は解釈したが、この経営哲学の中にビジネス・チャンスのヒントがある。社会で発生している問題、言い換えればソーシャル・リスクをマネジメントするためのビジネスモデルは何かという視点である。

こうした視点から、ビジネスモデル、マーケティング戦略の開発が行われる際に、企業経営者、社員には同時に柔軟な思考と戦略が必要となる。その戦略は「皆が幸せになるための道義、社会正義を踏まえた」戦略でなければならない。そうでない戦略や企業行動は効果をもたず、倫理リスクの発生率を上げることになり、皆が幸せになるのではなく、不幸になる。

次に、以上の諸要因を踏まえた事例（ケース）を検討してみよう。このケースは倫理リスクそのものを見たものではないが、社会問題の解決を志向している企業ビジョン、リスク直視力、そして柔軟思考がミックスされたケースである。

〈イーグルバス社のケース〉

ここで検討する事例は、埼玉の地域住民からの強い要請により路線バス事業に進出したが、見えない路線バス経営リスクにさらされ、赤字が続いた事業を復元し、他の地域や他国にそのビジネスモデルを伝授しつつある「イーグルバス」の事例である。(11)

①　イーグルバス社の社歴と置かれた状況

一九八〇年設立。川越市に本社および本社分室をおき、三営業所、社員一八〇名、資本金五、〇〇〇万円の小規模なバス会社。西武バスが運行していた「日高・飯能路線バス」が赤字撤退することを受け、地元からの強い要請に応え、二〇〇六年に同社が引き継ぐ。路線上には一、九〇〇戸が入る大規模団地があるが、高齢化が進み、利用者が減る一方。過疎地ではないので行政からの補助金はゼロ。いままで通り運行していては、毎年、赤字の垂れ流しになることは確実であった。事実、最大で年七、〇〇〇万円の赤字で、他の事業の利益も吹き飛んだといわれている。

地域の過疎化、そこに住む高齢者の移動の問題は、高齢社会が進んでいる日本のまさにソーシャル・リスクである。大手バス会社の撤退にかかわり、イーグルバスはもともと、次のような企業理念からスタートしている。

②　企業理念

柔軟な発想で新しい価値・市場を創り出すことを基本とし、次の五つの理念を掲げている。

①創客（徹底したマーケティング・リサーチから新市場、付加価値を創出）、②革新（先端

技術・サービスを投入して効率化を実現し、顧客の利便性を高める）③仕事を通じての社会貢献④乗務員の安全教育を第一に、サービス教育も徹底的に行い感動を与えたいとの理念⑤信用（長年の経験と実績のもと、実績と信用を誠実に積み上げていく）。

こうした理念の内、特に③の仕事を通じての社会貢献のため、①の徹底したマーケティング・リサーチから新市場、付加価値を創出、②の先端技術・サービスを投入して効率化を実現し、顧客の利便性を高めることにより、同社は不確実性の高い新規事業に参入したといえる。イーグルバス経営者の谷島氏は「日本のバス事業の八割が赤字といわれる。採算だけで切ったら、地域を支える交通網はなくなり、雇用も消える。赤字は問題だが、地域や人のことを考えないわけにはいかない。無駄を省くという経済思考、経済利益だけではなく、需要、地域、人との折り合いが大切。私たちの事業が地域に活かされ、地域を活性化できたら、これほどうれしいことはない」と述べている[12]。

③　路線バス事業のリスクの高さを直視

路線バス事業の中身が「見えない」というリスクに直面する。つまり路線バスは一旦車庫を出ると、「定時運行しているのか、混雑状況は、ダイヤは効率的か、利用者のバス事業へのニーズは」などの面で見えないリスクに直面する。そこでリスクを「見える化」しようというのが改善のスタートであった。①運行の見える化：埼玉大学と協同でＧＰＳと乗降センサーによるバスデータ取得、車内アンケートの実施、②顧客ニーズの見える化：社内アンケート、住民意識調査の実施、③コストの見える化：一台、一ダイヤのコスト単位から一分、一キロ単位に変更するなどのリスク・コントロールを実施していく。これらのリスク・コントロール策には①の主にハード面や②の主にソフト面が含まれている。

④ 柔軟な思考

顧客ニーズに基づいた「最適化」への視点：当社はアンケートでニーズを探り、それを前述の運行データと掛け合わせながら改善を実施した。

コストを上げずに本数を増やすため、町役場の隣に「ハブバス停」設置。ハブ空港と同じ原理で、そこから主要駅への路線のみならず大野地区、椚平地区といった過疎地域にはデマンド方式（通勤時間帯は定時運行）で、小型バスやワゴンバスを往復させるようにした。

⑤ その結果

路線バスへの参入から三年後の二〇〇九年以降、目に見える成果が出始め、引き継ぎ以前の一日七五〇人から八五〇人へと乗客が一〇〇人増えた。過疎地域の住民にとって、従来は一時間に一本だったバス運行が一番多いところで三〇分に一本という驚異的な頻度を実現。さらに、観光客の取り込みに成功したことも相まって、乗客数は再編前に比べて一・二倍に跳ね上がった。最近では全国からノウハウの提供を打診されるようになった。昨年九月から、地元の川越市と北海道のバス会社へのコンサルティングをスタート、海外（東南アジア）からの引き合いも来ているという。

４　倫理リスクおよび関連するリスクの見える化[13]

前節３でリスク直視力や戦略実行時の思考の柔軟性について検討したが、倫理リスクおよびそれに関わるリスクの見える化を図ることにより、倫理ＲＭと同時に企業成長のための基礎工事を行うことが重要となる。

ほとんどのリスクは見えず、潜んでいる。リスクが見えた時には、すでにそのリスクは損失となっており、手遅れである。特に倫理リスクという倫理観、過度のプレッシャーなどに関わる目に見えないソフト・リスクはなおさらである。普段からリスクの見える化のレーダを社内に作っておく必要がある。

倫理リスクおよび関連するリスク要因をどう捉えるのかという点から、リスクの見える化について、以下、検討してみよう。

企業理念、ビジョン、信頼、社員間の絆などの目に見えない無形資産の重要性はすでに指摘したが、これらは企業の体質、企業文化の影響を大きく受ける。各企業特有の思考方法、慣習や価値観が、企業行動、社員の意思決定の方法などを、目に見えないところで規定しているからである。その企業文化の形成に最も影響を与える人的要素は、企業トップすなわち経営者の経験、価値観、能力、性格などである。イーグルバスのケースでも分かるように、企業トップの思考が同社の危機克服を可能にしたといえる。

企業が望んでいる地域への貢献という企業目標は、経営者の地域との関わりはもとより、経営者のRM能力、リーダーシップ、誠実性、倫理観などとも関わる。

また経営者が企業成長をどのぐらいのスパンで実行しようとしているか、言い換えるならば目標達成までの時間軸も（短期志向か、中・長期志向か）、企業価値創造に関わる要因であり、これらはいずれも企業の経営リスクに関わる目に見えないリスクで

図表6－2　リスクの見える化のための重要要因

	将来の不確実性への適応	信頼性	ノウハウ、スキル
経営者	RM能力、リスク感性（1-5点）	人間的性格（1-5点）	経営経験（1-5点）
成　長	短・中・長期志向（1-5点）	過大投資（1-5点）	社員の経験（1-5点）
企業文化	企業哲学、ビジョン（1-5点）	社員との一体感、連帯（1-5点）	情報共有（1-5点）
倫理観	倫理観の明示と伝達（1-5点）	倫理情報の共有（1-5点）	倫理観と業績評価の連動（1-5点）

ある。

以上の四つの要因（経営者、成長、企業文化、倫理観を縦軸にとる）に関わる無形リスクを見える化するためには、これらそれぞれに関わる三つの要因、すなわち（「将来の不確実性への適応能力」、「企業内部の信頼感」、「経営者や社員のノウハウ、スキル」を横軸にとる）との関係分析を、社内アンケートを通じて行う方法が有効である。

こうした社内評価を実施するかどうかも、企業トップの価値観などによる。経営哲学のない企業は、多分にこの種の自社分析をいやがるだろう。経営の実態を、リスク視点から冷静に全員で見直すことが重要あり、経営者の経営哲学が問われる。

図表６－２にある縦軸と横軸に関わる諸要因について、調査チームを作り（できれば第三者を調査の責任者とすることが望ましい）、アンケート調査を行うことによりリスクをあぶり出す。

（1）　経営者要因

①　経営者と将来の不確実性への適応の問題

企業経営は企業の外部環境の変化に対する企業の内部資源の適応問題である。この場合、特に経営者のＲＭ能力、リスク感性が問われる。この分野で経営者の力量が低いと評価される場合、一〜二点という低い点が付けられる。もちろんこうした評価ができる質問票を工夫する必要があるが、ここではその点は省略し、質問のための軸を検討する。

②　経営者の信頼性の問題

経営者の利害関係者との信頼性の醸成には、経営者自身の人間的性格がベースにあるのではないかと考えられる。信頼性が生まれるには、いくつかの条件が必要であるが、経営者自身のパーソナリティ、性格がその根底にあり、それらにより構成される彼の信念と行動とが一致している必要がある。経営者はこの面から評価され、低い得点は高いリスクとなる。先に検討した明治期以降の日本の経営者には、この面での強い信念が感じられた。

③　経営者自身の能力、スキル、ノウハウ面の評価

経営者自身のこうした側面における適格性の問題がある。この問題に関し英国では、すでに検討した代表取締役の資格制度がある。これらがすべて我が国の企業に適応できるとはいえないだろうが、かなりの部分は適応させ、経営者のスキルとモラルを向上させるべきであろう。

(2)　成長要因

企業目標達成までのスパンを短期で考えているのか、それとも中期・長期志向なのかは、

解が一つではない。プロジェクトによりいくつかあってもよい。しかし好ましくないのは、短期志向が強すぎるケースであり、高リスクに至る場合がほとんどである。短期的成長志向が強くても、外部の需要が急激に冷めていることに気づかない、内部の社員の対応能力や知識、研修が不十分な場合、当然のこととして需要と供給にギャップを生み、経営上の高リスク、社員に過度のプレッシャーを生み倫理リスクに至る。その場合、特にたとえば新規に販売店を増やすなどの過大な投資をすれば、その経営へのマイナス・インパクトは大となる。こうしたことが顕在化するときには、利害関係者からの信頼は低いものとなっていく。

⑶　企業文化

その会社特有の風土、体質が好ましくない場合、不正やモチベーション低下につながり、企業価値を大きく下げる。たとえば「トップがリスクをとることを過度に奨励する」、「トップが悪い情報に耳を貸さない」、「社内競争が激しすぎる」などの要因からも、企業文化の測定は可能である。また図表６－２にあるように「企業哲学やビジョンが明示され、社員と共有されているか」、「社員との一体感や連帯が生まれるような工夫、機会があるかどうか」、「社員間、上司と部下の間で自由なアイディアが交換できる社内の雰囲気があるかどうか」なども企業文化の一つの測定要因である。こうした要因が倫理リスクに発生に強く影響する。

(4) 倫理観

企業、特に中堅・中小企業の場合、企業トップの個性、能力そして倫理観などが社員や企業文化に与える影響は大きい。特に経営倫理に関する方針や綱領を策定し、トップ自らが率先して倫理情報を社員と共有する機会を作り、社員評価への反映などに生かすことが重要である。こういう視点から目に見えない倫理リスクを見える化することができる。

(5) リスクの見える化の手順と対応

経営者、成長、企業文化、倫理観の各要因に関する、五点から一点までの評価の仕方は、たとえば成長要因に関し、短期的志向が強い場合、四点〜五点の評価となる。数字が高いほうがリスクも高い評価となる。全部で一二の項目があり、一二×五点＝六〇点は、極めてリスクが高く、非常事態といえる。一二×一点＝一二点は、リスクレベルでは非常に低い状態である。

全体的評価レベルの物差しとして、下記のように設定することができ、それぞれに警告、診断結果を灯すことができる。

▼六〇点〜四八点＝赤信号（経営に関する無形リスク面でハイリスクであり、早急にリスク対応しなければ企業価値の大きな減損に至る）

▼四七点～三〇点＝黄色（リスクレベルでは要注意段階である。リスクは変化するので常に観察し、必要に応じハイリスク項目について、リスク対応しなければならない）
▼一点～二九点＝青（現段階ではリスクレベルでは問題がない。ただ安全志向が強すぎる個所も考えられる。観察の継続化も必要）

これまでの検討から分かるように、企業価値に影響を与える要因は無形資産、特に組織資産ともいえる企業理念、ビジョン、柔軟な思考、リスク直視力、信頼、社員間の絆などの無形（ソフト）資産であり、これらに関わる目に見えないリスクをいかに見える化し、リスク対応するかが企業価値向上にとって重要となる。

こうした要因が企業経営におけるバラスト・キール（Ballast Keel、揺れに対する水や砂による船舶の自動安定装置）の役割を果たし、ブレない経営に結びつく。

本章で検討したアサヒビール、花王、京セラなどのケースがまさにブレない経営の典型といえる。それと同時に、企業価値向上にはリスク最適化の考え方（企業リスクのうちマイナス・リスクをコントロール、ファイナンスをしながら、チャンス・リスクを企業資源特に無形資産を醸成・活用しながらマネジメントしていき、チャンスを現実のものにする戦略）に基づく戦略の実施が不可欠である。双方が一体となって、はじめて企業価値向上への有効なドライバーとなる。

5　フィードバックによる組織的学習と経営の透明性向上

組織的学習力の向上については、ＭＩＴのピーター・センゲ（Peter Senge）が一九九〇年に刊行した著書が参考になる。

センゲは「学習する組織」（人々がたゆみなく能力を伸ばし、心から望む結果を実現しうる組織、革新的で発展的な思考パターンが育まれる組織、共通の目標に向かって自由にはばたく組織、共同して学ぶ方法をたえず学び続ける組織である）[14]には、次の五つのdiscipline（規律）[15]が必要であるという[16]。

①　自己マスタリー

自己が心底から望んでいるビジョンや目的に、忠実に従って生きようとするプロセスで、現状との差を明確に認識しながら、自分たちが選んだ企業目標に向かい自己啓発に進める組織環境を作ることにつながる。

②　メンタルモデルの克服

個々人がもっている「思いこみ」や「固定観念」をいい、こうしたメンタルモデルを常に内省し、明らかにすることにより改善していくこと。

③　共有ビジョンの構築

社員全員が選んだ未来像や目標を共有し、それに向かって自己啓発を進める組織環境を作り出すこと。

④　チーム学習

「対話」を通して、個人の力の総和を超えたチームの能力を向上させること。この指摘は稲盛経営哲学では、強い企業は総合力をもっているという指摘と同じである。

⑤　システム思考

様々な要素が複雑に関連し合っている問題の全体構造と相互関係を明らかにし、組織の全体最適を優先することで解決策を見出すこと。

上記五つのセンゲの主張する規律を、筆者なりに分かりやすく、「倫理ＲＭの実効性を上げるために、企業に求められている規律は何か」という視点からまとめると次のようになる。

▼企業理念やビジョンの共有が必須。そのための企業内部での対話が必要。企業トップがビジョン構築を行ったとしても、すでに指摘したように全員による、共感のための対話が必要である。

なぜ、この企業理念やビジョンが必要なのかを、企業トップは社員とコミュニケーションを行い共感できる回答を示す必要がある。この点に関しては、本章の２「会社の理念、ビジョン、経営哲学の設定とそれの社員との共有化、内面化システム」が必要という項目で指摘した。

▼個々人のビジョンと会社のビジョンとを、固定観念を捨て、冷静に比較し、自己啓発する。

企業理念やビジョンは、上からのトップダウンで降りてくることが多い。もちろん、すでに指摘したように全員対話によるビジョン作成が望ましいが、各部門のリーダーは、部門での目標や業務内容と会社のビジョンや理念との連動性を踏まえて、部下が前に進むのを後ろからバックアップする、いわゆる「サーバント・リーダーシップ」が求められる[17]。

▼全員での、あるいはチームによる対話を通した倫理リスクおよびその他のリスク評価、リスク情報の共有が必要。

▼見えないリスクを見える化するための、リスクマップやチャンスマップの全員による作成が必要であり、この点もすでに指摘した。

▼チームでのリスクやチャンスが、企業全体にどういう影響を与えるのかについての対話

が必要。

6　倫理力、持続力、復元力達成のための倫理リスクマネジメント・プロセスの構築

本書では、これまで倫理リスクのマネジメントについて、企業理念やビジョンなどの浸透による、企業トップと主に社員との価値共有を重視するソフト・コントロール・アプローチについて検討してきた。それと同時に、倫理リスクを最小化するためにも、また社員の幸福を追求するためにも、企業の持続性と復元力の重要性についても検討してきたソフト・コントロール・アプローチによるRMは、企業の倫理力と同時に企業の持続力そして復元力も向上させる点が指摘できたと思う。

倫理リスクマネジメントとは、倫理リスクによる損失の最小化のみではなく、その他のリスク発生による損失の最小化と、社員の全員参加によるチャンスの可能性を最大化させるプロセスである。

具体的には、企業トップを中心とした①倫理的土壌の醸成、②倫理リスクの発見と評価、③倫理リスクへの対応、④これら三局面での倫理リスク情報の共有、の四つのプロセスである。これら四つのプロセスごとに、ソフト・コントロール・アプローチによる倫理RM実施

図表6−3　倫理力、持続力、復元力達成のための
倫理リスクマネジメント・プロセスとチェックポイント

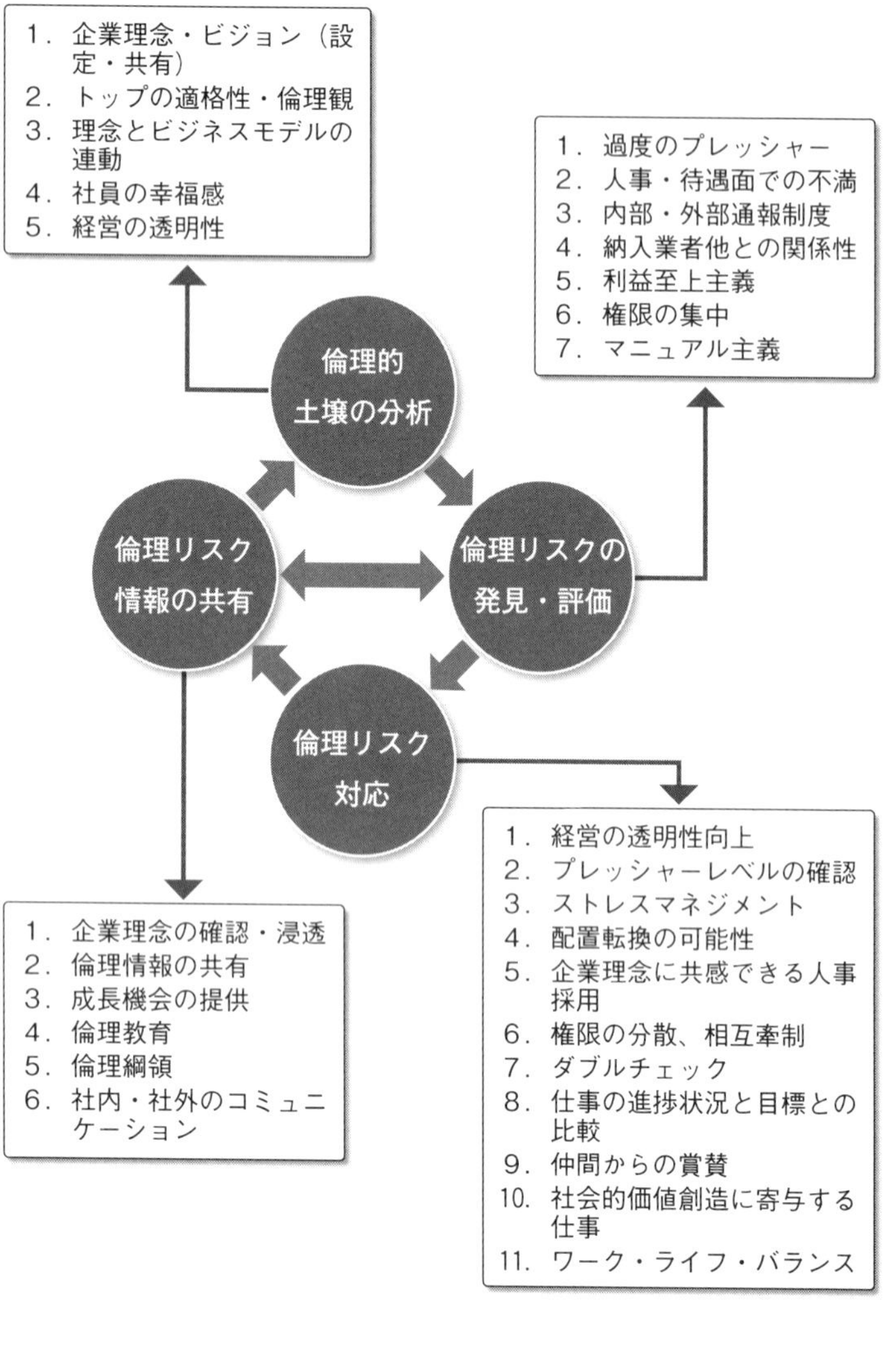

時のポイントを示したのが図表6－3である。

図表6－3には、四つの倫理RMプロセスがあり、合計二九のソフト・コントロール型のチェックポイントがある。それらの多くは、本書ですでに検討された要因である。

(1)　倫理的土壌の分析

倫理的土壌の分析では、次の要因を指摘している。

▼企業理念・ビジョンの設定・共有
▼トップの適格性・倫理観
▼理念とビジネスモデルの連動
▼社員の幸福感
▼経営の透明性

第一段階では、特に企業トップが企業理念やビジョン、企業使命をどう考え、設定するか、そしてそれらの社員との価値観の共有を図る活動をしなければならない。京セラや新JALでは、そのためのリーダー教育などが行われた。

会社を代表する責任者としての企業トップの適格性については、本章で英国の公認取締役になるための制度を紹介したが、取締役および当該会社への信頼を向上させるためにも参考になる制度である。日本では日本能率協会が英国取締協会と提携をし、セミナー修了生に修了証を授与する制度を実施しているようであるが、その内容は分からない。

企業理念、企業ビジョンとビジネスモデルとの連動、マーケティング戦略、戦術との連動、したがって商品開発、流通戦略、価格設定、プロモーション活動などとの連動により、社員、顧客、社会は当該会社の本気度合いを知り、企業成長への弾みとなる。

本書の何カ所かで、企業の使命は社会問題の解決に寄与することであるということを強調してきた。企業目標にそうした目標を導入し、それらが商品開発などに連動されていき、業務プロセス全般が社員にオープンにされ、そしてその状況が利害関係者にオープンにされれば、社員の幸福感は向上していく。またそのことにより、経営の透明性も向上し、社会からの信頼も高まる。

利害関係者への経営情報や内部統制に関する開示により透明性の向上を目指す施策も、京セラや新ＪＡＬのように、部門別独立採算（アメーバ経営）による特に社員への情報の開示も、結局はまず社員の幸福感を向上させる施策であるという開示哲学がその前提として重要である。

以上の諸要因には経営管理的手法もあれば、理念、ビジョンと戦略との連動という戦略レベルのものもあるが、いずれも「会社の意思決定と経営行動が社会的に望ましく、正しいとされ、かつ普遍的な妥当性を有するか否かを判断する基準」である企業倫理観の醸成に役立つものである。

(2) 倫理リスクの発見・評価

倫理リスクの発見・評価では、次の要因を指摘している。

① 過度のプレッシャー
② 人事・待遇面での不満
③ 内部・外部通報制度
④ 納入業者他との関係性
⑤ 利益至上主義
⑥ 権限の集中
⑦ マニュアル主義

これら七つの要因は、いわば倫理リスクの発生確率を上げるハザード要因であり、これら各局面における対応を図ることで、全体としての倫理リスクの早期発見に結びつく。

利益至上主義、人事・待遇面での不満はプレッシャー・レベルを上げ、倫理リスク発生の動機をつくる。経営ポリシーを利益至上主義や成果主義から変更する必要がある。利益は目標ではないという松下幸之助、アメーバ経営による成果を報酬に連動させないという京セラ稲盛和夫の経営哲学に学ぶべきである。

特定人物への権限の集中はすでにみた「雪印食品」、鉄道コンサルタント会社「日本交通技術社」の事例でも、倫理リスクの発生確率を上げる「機会」をつくった。京セラのダブルチェック、権限の委譲などの対応が必要である。

マニュアル主義は、マニュアルにない事項への対応能力を弱くするとともに、顧客対応という点では、杓子定規の顧客への対応が顧客の不満足を生む可能性がある。逆に、マニュアルにない事項でも、現場スタッフの柔軟な思考に基づいた対応が行われた場合は、顧客満足を高める。こうしたことを可能にするには、経営理念や哲学が浸透していること、現場への権限委譲が行われていることなどが必要である。

マニュアル主義の弊害について、先に検討したＪＡＬの改革時に次のような指摘がある(18)。

『最近の日本の企業人や若い世代には、いわば時代の傾向として、「決められた通りにやっていればいい」、「決められたことしかやらない」「決められたこと以上のことは必要ない」という仕事意識が広がっている。

仕事が細分化され、仕事の内容が細部に至るまでマニュアル化され、マニュアルからの逸脱が厳しい叱責の対象となることにより、このような意識はますます強められる。このような仕事意識に見られる傾向は〝過度のマニュアル化の弊害〟と考えられる。日本航空の社内にもこの傾向が見られる。社員が各々の立場から、〝自分の仕事は全体の中でどのような意味を持っているのか〟、〝他の部署の仕事とどう繋がっているのか〟、〝自分の仕事が安全とどう関わっているのか〟など、自分の仕事と全体との関連を見る視点が非常に重要である。〝木を見て森を見ず〟ではなく、〝木も見て森も山も見る〟姿勢が求められる。

自分の仕事を確実にこなすことだけに集中するあまり、周囲との関係を考えられなくなったときに、しばしば大事故が起こるのである。』

(3) 倫理リスクへのソフト・コントロール対応

倫理リスクへのソフト・コントロール対応では、次の一一要因を指摘している。

① 経営の透明性向上
② プレッシャー・レベルの確認
③ ストレスマネジメント
④ 配置転換の可能性

⑤　企業理念に共感できる人事採用
⑥　権限の分散、相互牽制
⑦　ダブルチェック
⑧　仕事の進捗状況と目標との比較
⑨　仲間からの賞賛
⑩　社会的価値創造に寄与する仕事
⑪　ワーク・ライフ・バランス

すでにそのいくつかについては、本書で事例とともに検討したが、「ストレスマネジメント」について、以下、筆者の経験も含めて付言する。

たとえば「ノルマや業務量が大きくてプレッシャーが強い、得意先への車両運転と客先での話でほとんどの時間を費やし、話をする場がないというストレス、いつも仕事のことが頭から離れないというストレス」の場合、島・佐藤［二〇〇七］では次のような対応を指摘している(19)。

睡眠時間の確保、気晴らし（ストレッチ、ウォーキングなどの軽い運動）、サポートを得る（同僚との関わり、コーヒートークなど）。これらは、本書では第4章でブレイクアウト原則として指摘した内容と関連しており、その原則の実践である。

「仲間からの賞賛」についても、すでに京セラの稲盛がアメーバ経営により部門別の独立採算制を実施しながら、成果の上がった部門には、一方で仲間からの賞賛を導入している事例を検討した。

筆者も大学を出て、損保会社の地方支店に勤務していた時、毎月の営業ノルマに追われていた。営業二年目と記憶しているが、かなり困難な目標数字を達成した時、上司、仲間からの賞賛が全くなかった記憶がある。その時、自分の努力は何だったのかと思ったことがあり、自分の仕事の会社への貢献が見えなくなった経験がある。結局、二年で同社をやめ、大学院に進んだ。

職場にいる時間の長さを考えると、職場でのリーダーを中心とする共感が生まれる工夫がストレスを軽減させる。特に新人の場合、ストレスを過剰に受ける可能性があるだけに、そうした視点からのマネジメントが重要である。

（4）倫理リスク情報の共有

倫理リスク情報の共有は、ここでは次の六つの要因を挙げており、それは第一段階の倫理的土壌の醸成、第二段階の倫理リスクの発見・評価、第三段階の倫理リスクへの対応のすべての段階で必要である。

①　企業理念の確認・浸透
②　倫理情報の共有
③　成長機会の提供
④　倫理教育
⑤　倫理綱領
⑥　社内・外のコミュニケーション

この中には倫理綱領というういわば規制、チェックリストなどの部類に属するハード・コントロールも含まれる。しかし、すでに何度も指摘しているように、本書ではソフト・コントロールの重要性を指摘しており、それが優先されるべきである。

以上の倫理ＲＭプロセスには、合計二九のチェックポイントがある。これ以外にも考えられるかもしれないが、合計二九のチェックポイントに、各五点満点のスコアをつけ、自社の倫理ＲＭ力を自己評価することができる。

二九×五点＝一四五点が最高点であるが、四つの倫理ＲＭプロセスにおいて、自社がどの段階で脆弱なのかを把握できるとともに、会社の持続力や成長可能性も大雑把に知ることができよう。たとえばある会社の倫理ＲＭ力が図表６－４のようであったとする。

図表６－４からこの会社は倫理ＲＭ力が五五／一四五で、非常に弱く、特に第三段階のソ

図表6－4　企業の倫理力、復元力、持続力の見える化のためのチェックポイント

倫理RM プロセス	倫理RMの チェックポイント	自社のスコア例 （1～5配点）	
第一段階：倫理的土壌	1．企業理念・ビジョン（設定・共有）	3	小計：12
	2．トップの適格性・倫理観	3	
	3．理念とビジネスモデルの連動	1	
	4．社員の幸福感	3	
	5．経営の透明性	2	
第二段階：倫理リスクの発見・評価	1．過度のプレッシャー	3	小計：16
	2．人事・待遇面での不満	3	
	3．内部・外部通報制度	1	
	4．納入業者他との関係性	3	
	5．利益至上主義	2	
	6．権限の集中	2	
	7．マニュアル主義	2	
第三段階：倫理リスクへのソフト・コントロール対応	1．経営の透明性向上	2	小計：16
	2．プレッシャー・レベルの確認	2	
	3．ストレスマネジメント	2	
	4．配置転換の可能性	1	
	5．企業理念に共感できる人事採用	1	
	6．権限の分散、相互牽制	2	
	7．ダブルチェック	1	
	8．仕事の進捗状況と目標との比較	1	
	9．仲間からの賞賛	2	
	10．社会的価値創造に寄与する仕事	1	
	11．ワーク・ライフ・バランス	1	
第四段階：倫理リスク情報の共有	1．企業理念の確認・浸透	2	小計：11
	2．倫理情報の共有	2	
	3．成長機会の提供	1	
	4．倫理教育	1	
	5．倫理綱領	3	
	6．社内・外のコミュニケーション	2	

総計スコア＝55/145

フト・コントロール力は一六／五五で、達成率が二九％と非常に弱く、リスク情報の共有力も一一／三〇で、約三七％と弱い、ことが分かる。

同社は今後、特に倫理リスクに対するソフト・コントロール策に早急に取り組み、倫理RM力をあげながら、企業成長を図らなければ、近い将来、困難な状況に直面した時に復元不能な状況に陥ることになる。

企業の倫理力や復元力は目に見えにくい要素を含んでいるが、図表6－4のような自己分析表から見える化し、分析することにより、倫理リスクや復元力・持続力の要素をあぶりだすことができる。

ソフト・コントロール型の倫理RMは、企業に潜んでいる多様なリスクを踏まえながら、とりわけ倫理リスクを質的に見える化し、社員の幸福と企業の健全性を追求していくマネジメントである。

注

（1）中村［二〇〇一］二七九－二八〇頁。
（2）以下、取締役のトレーニングの必要性に関する検討は、河村［二〇〇〇］二四八－二四九頁を主に参考にしている。
（3）同上書、二四九頁。

（4）Institute of Directors（ＩＯＤ）ホームページの「認定（公認）取締役」になるためのガイド参照。
（5）稲盛［二〇〇六］八二‐八三頁。
（6）浜田［二〇一二］九六頁。
（7）世界四九カ国に事務所を持つ人材および組織管理のコンサルタント会社。
（8）フォーチュン誌が毎年発表する総収入に基づきはじき出した全米上位五〇〇社のリスト。
（9）山口［二〇一三］二四二‐二四四頁。サンプル数はイノベーティブな会社四、五九二社、データ収集期間は二〇一一年一〇月一日から一年間。
（10）山口［二〇一三］二四二‐二四三頁。
（11）本章の検討は主に、イーグルバス株式会社HP〈www.busmap.jp/saitekika/2011_1saitekika.pdf〉、『日経ビジネス』二〇一一年五月一七日。
（12）東日本旅客鉄道［二〇一三］。
（13）上田［二〇一四］第六章参照。
（14）Senge［1990］訳書［一九九五］九‐一〇頁。
（15）Disciplineの訳としては、筆者は高間と同じく「規律」を採る（高間［二〇一三］一五一頁）。
（16）高間［二〇一三］第四章を中心にその概要を示す。
（17）山口［二〇一三］、二九〇頁。
（18）日本航空安全アドバイザリーグループ［二〇〇五］五‐六頁。ただし、本文では一部省略している。
（19）島・佐藤［二〇〇七］一八八‐一九〇頁。

Press.(河田 潤一 訳［2001］『哲学する民主主義 —伝統と改革の市民的構造』NTT出版。)
Reason, James［1997］, *Managing the Risks of Organizational Accidents*, Ashgate.（塩見弘監訳［1999］『組織事故』日科技連出版社。）
Senge, Peter M.［1990］, *The Fifth Discipline: The Art & Practice of The Learning Organization*, New York:Doubleday.（守部信之訳［1995］『最強組織の法則—新時代のチームワークとは何か』徳間書店。）
State of Michigan Office of Financial Management［1999］,"Internal Control Evaluation–Soft Control Self-Study.
Trevino, Linda Klebe, Gary R. Weaver, David G. Gibson and Barbara Ley Toffler［1999］,"Managing Ethics and Legal Compliance: What works and what hurts," *California Management Review*, Vol.41, No.2, Winter.
Yerkes, R. M. and J. D. Dodson［1908］,"The relation of strength of stimulus to rapidity of habit-formation," *Journal of Comparative Neurology and Psychology*, 18: 459-482.

山口　周［2013］『世界で最もイノベーティブな組織の作り方』光文社新書。
山本祥司［2006］「内部統制をどう捉えるか⑦」『第一生命経済研レポート』。
吉森　賢［2007］『企業統治と企業倫理』放送大学教育振興会。
Csikszentmihalyi, Mihaly［2003］, *Good Business: Leadership, Flowand the making of Meaning,* Hodder&Stoughton.（大森弘監訳［2008］『フロー体験とグッドビジネス』世界思想社。）
Cressey, Donald［1973］, *Other People's Money: A Study in the Social Psychology of Embezzlement,* Montclair, N. J. : Patterson Smith.
Cvetkovich, George and Ragnar E Löfstedt edited［1999］, *Social Trust and the Management of Risk,* Earthscan Publication.
Eisenstat, Russell A., Michal Beer, Nathaniel Foote, Tobias Fredberg and Flemming Norrgren［2008］,"The Uncompromising Leader," *Harvard Business Review,* July.（DIAMONDハーバード・ビジネス・レビュー編集部訳［2009］「本物のリーダーは社員と業績を秤にかけない」『動機付ける力―モチベーションの理論と実践』ダイヤモンド社。）
Freiberg, Kevin and Jackie Freiberg［1996］,"Southwest Airlines' Crazy Recipe for Business and Personal Success," *Nuts!* , Crown Business.（小幡照雄訳［1997］『破天荒！ サウスウエスト航空』日経BP出版センター。）
Hartman, Laura P. and Joe Desjardins［2008］, *Business Ethics,* Mcgrawhill.
International Organization of Securities Commissions［2006］, *Model of Code of Ethics.*
Jackson, Susan A. and Mihaly Csikszentmihalyi［1999］, *Flow in Sports: The keys to optimal experiences and performances,* Human Kinetics.（今村浩明・川端雅人・張本文昭訳［2005］『スポーツを楽しむ：フロー理論からのアプローチ』世界思想社。）
OECD［2001］, *The Wellbeing of Nations: The Role of Human and Social Capital, Education and Skills.*
Paine, Lynn Sharp［1994］,"Managing for Organizational Integrity," *Harvard Business Review,* March-April .
Paine, Lynn Sharp［1997］, *Cases in Leadership, Ethics, and Organizational Integrity.*（梅津光弘他訳［1999］『ハーバードのケースで学ぶ企業倫理』慶應義塾大学出版会。）
Paine, Lynn Sharp［2003］, *Value Shift,* McGraw-Hill.（鈴木主悦他訳［2004］『バリューシフト：企業倫理の新時代』毎日新聞社。）
Porter, Michael E. and Mark R. Kramer［2011］,"Creating Shared Value," *Harvard Business Review,* January-February.
Putnam, Robert D.［1993］, *Making Democracy Work,* Princeton University

渋沢栄一著、守屋淳編訳［2010］『渋沢栄一の「論語講義」』平凡社新書。

島　悟・佐藤恵美［2007］『ストレスマネジメント入門』日本経済新聞社。

神座保彦［2005］「ソーシャル・キャピタル―地域コミュニティと相互に影響しあう社会起業家」『ニッセイ基礎研』。

潜道文子［2003］「知識労働者の時代における企業の経営戦略としてのフローの意義」、今村浩明・浅川希洋志編『フロー理論の展開』世界思想社。

高　巖・T. ドナルドソン［2003］『ビジネス・エシックス（新版）』文眞堂。

高間邦男［2013］『学習する組織』6刷、光文社新書。

辻　秀一［2008］『フロー・カンパニー』ビジネス社。

ディークエスト、日本公認不正検査士協会編、八田進二監修［2011］『事例でみる企業不正の理論と対応』同文舘出版。

帝国データバンク［2013］「第9回コンプライアンス違反企業の倒産動向調査」5月28日。

東京商工リサーチ［2013］「2013年度、不適切な会計・経理を開示した上場企業調査」。

独立行政法人情報処理推進機構［2012］『組織内部者の不正行為によるインシデント調査報告書』。

内閣府［2009］『平成20年版　国民生活白書』2月9日、時事画報社。

中村康江［2001］「英国における取締役の資格略奪」『立命館法学』第3号。

日本監査役協会ケーススタディ委員会［2003］「企業不祥事防止と監査役の役割」。

日本経済団体連合会報告書［2006］「企業価値の最大化に向けた経営戦略」3月。

日本航空 安全アドバイザリーグループ［2005］「高い安全水準をもった企業としての再生に向けた提言書―安全を確保する企業風土の創造―」。

浜田　康［2012］『会計不正』日経ビジネス文庫。

東出浩教・大久保秀夫［2010］『幸せをつむぐ会社』ワンプルーフ。

東日本旅客鉄道［2013］『トランベール』9月。

平田雅彦［2005］『企業倫理とは何か―石田梅岩に学ぶCSRの精神』PHP新書。

平田雅彦［2010］『ドラッカーに先駆けた江戸商人の思想』日経BP社。

船橋晴雄［2007］『企業倫理力を鍛える』かんき出版。

ベンソン、ハーバート著、マクドナルド京子訳［2006］「ブレークアウト原則の科学」*Diamond Harvard Business Review*, Dec.

宮川公男・大守隆［2004］『ソーシャル・キャピタル―現代社会のガバナンスの基礎―』東洋経済新報社。

守山　正［2004］「少年犯罪に対する二つの予防」『警察政策（第6巻）』警察政策学会。

梁瀬和男［2010］『企業不祥事と奇跡の信頼回復』同友館。

〈参考文献〉

赤松育子［2012］『不正リスクマネジメント』産業能率大学出版部。

稲葉陽二［2007］『ソーシャル・キャピタル』生産性出版。

稲盛和夫［2004］『稲盛和夫、私の履歴書、稲森和夫のガキの自叙伝』日経ビジネス文庫。

稲盛和夫［2006］『アメーバ経営』日本経済新聞。

稲盛和夫［2007］『稲盛和夫の経営塾』日経ビジネス文庫。

引頭麻実編著［2013］『JAL再生—高収益企業への転換』日本経済新聞出版社。

上田和勇［2010］「現代企業経営におけるソーシャル・キャピタルの重要性」『社会関係資本研究論集』第1号、専修大学社会知性開発研究センター。

上田和勇［2013］「中堅・中小企業の復元力の醸成」『実践危機管理』第28号、ソーシャル・リスクマネジメント学会。

上田和勇［2014］『事例で学ぶリスクマネジメント入門—復元力を生み出すリスクマネジメント思考—（第2版）』同文舘出版。

エイカー、ショーン著、二ノ方俊治訳［2012］「ポジティブ思考の知能指数」*Diamond Harvard Business Review*, May。

岡本浩一・鎌田晶子［2006］『属人思考の心理学—組織風土改善の社会技術』新曜社。

花王［2004］「花王ウェイ」10月。

加護野忠男［2011］『松下幸之助に学ぶ経営学』日経プレミアシリーズ。

亀井利明［2009］『ソーシャル・リスクマネジメントの背景』危機管理士協会・日本リスクマネジメント学会。

亀井利明・亀井克之［2012］『ソーシャル・リスクマネジメント論』同文舘出版。

河村賢治［2000］「英国公開会社における取締役会の機能—統合コード（The Combined Code）を中心に—」『早法76巻2号』。

北見幸一［2010］『企業社会関係資本と市場評価—不祥事企業分析アプローチ—』学文社。

経済広報センター［2013］『第16回生活者の“企業観”に関する調査報告書』。

経済同友会［2006］『企業のCSRに関する経営者意識調査報告書』。

渋沢栄一著、池田光解説［2011］『渋沢栄一　逆境を生き抜く言葉』イースト・プレス。

企業・組織名索引

人名索引

欧文索引

〔た行〕

〔な行〕

〔さ行〕

事項索引

■著者紹介

上田　和勇（うえだ　かずお）

1974年　早稲田大学商学部卒業，安田火災海上保険(株)入社，1976年同社退社
1979年　早稲田大学大学院商学研究科修士課程修了
1982年　早稲田大学大学院商学研究科博士課程修了
1982年　専修大学助手，1984年専修大学専任講師，87年専修大学助教授
1993年　専修大学教授，現在にいたる
1995年9月　商学博士（早稲田大学）
1995年～1996年　ロンドン　シティ大学客員研究員，シドニー保険研究所に籍をおき調査
2001年～2008年　専修大学商学研究所所長
2009年～2015年　専修大学大学院商学研究科長
2009年～2014年　日本リスクマネジメント学会理事長
2014年～2016年　上記学会会長
2016年～現在　上記学会理事長

〈主な著書〉
『企業価値創造型リスクマネジメント―その概念と事例―』第4版（2007年，白桃書房，日本リスクマネジメント学会学会賞受賞図書）
『企業経営とリスクマネジメントの新潮流』（編著，2009年，白桃書房）
『NPOのリスクマネジメント』（共著，2009年，白桃書房）
『事例で学ぶリスクマネジメント入門』第2版（2014年，同文舘出版，ソーシャル・リスクマネジメント学会賞受賞図書）
『ビジネス・レジリエンス思考法』（2016年，同文舘出版）
『持続可能型保険企業への変貌』第四版（2017年3月，同文舘出版）

平成26年９月20日　初版発行　《検印省略》
令和元年９月25日　初版３刷発行　略称：倫理リスク

企業倫理リスクのマネジメント
―ソフト・コントロールによる倫理力と持続力の向上―

著　者　上　田　和　勇
発行者　中　島　治　久

発行所　同 文 舘 出 版 株 式 会 社
東京都千代田区神田神保町1-41　〒101-0051
電話　営業(03)3294-1801　編集(03)3294-1803
振替 00100-8-42935　http://www.dobunkan.co.jp

製版：一企画
印刷・製本：萩原印刷

ISBN 978-4-495-38431-9